法律专家为民说法系列丛书

法律专家

教您如何打侵权官司

王晓翠　李丽娜　编著

吉林文史出版社

图书在版编目（CIP）数据

法律专家教您如何打侵权官司 / 王晓翠，李丽娜编
著. 一 长春 ：吉林文史出版社
（法律专家为民说法系列丛书 / 张宏伟，吴晓明主
编）
ISBN 978-7-5472-2381-9

Ⅰ. ①法… Ⅱ. ①王… ②李… Ⅲ. ①侵权行为－民
事纠纷－案例－中国 Ⅳ. ①D923.05

中国版本图书馆 CIP 数据核字 (2015) 第 043921 号

法律专家教您如何打侵权官司

编　　著	王晓翠　李丽娜	
责任编辑	李相梅	
责任校对	宋茜茜	
丛书主编	张宏伟　吴晓明	
封面设计	清　风	
美术编辑	李丽薇	
出版发行	吉林文史出版社(长春市人民大街4646号)	
	全国新华书店经销	
印　　刷	三河市祥宏印务有限公司	
开　　本	720mm×1000mm　1/16	
印　　张	12	
字　　数	100 千字	
标准书号	ISBN 978-7-5472-2381-9	
版　　次	2015 年 7 月第 1 版	
印　　次	2018 年 6 月第 3 次	
定　　价	35.00 元	

如发现印装质量问题,影响阅读,请与印刷厂联系调换。

法律专家为民说法系列丛书

编委会

主　编

张宏伟　　吴晓明

副主编

马宏霞　　孙志彤

编　委

迟　哲	赵　溪	刘　放	郝　义
迟海英	万　菲	秦小佳	王　伟
于秀生	李丽薇	张　萌	胡金明
金　昊	宋英梅	张海洋	韩　丹
刘思研	邢海霞	徐　欣	侯婧文
胡　楠	李春兰	李俊焘	刘　岩
刘　洋	高金凤	蒋琳琳	边德明

PREFACE

【前言】

　　改革开放以来,我国十分重视侵权责任法律制度的建立和完善。1986年制定的《民法通则》,专设"民事责任"一章,对过错责任和无过错责任的归责原则、责任方式、典型的侵权行为作出规定,奠定了我国侵权责任法律制度的基础。第十一届全国人大常委会第十二次会议表决通过了《侵权责任法》,标志着我国民商事法律体系得到最终完善,标志着中国法制化进程的加快,标志着民事侵权专门法的最终诞生,有利于更好维护公民合法权益,是中国法制化进程中的一件大事。《法律专家教您如何打侵权官司》在编写过程中吸收和借鉴了已有的优秀成果并在此基础上勇于探索、积极创新,从理论和实践两个层面力求使读者掌握侵权相关法律常识并运用相关法律规范保护自己的合法权益。

首先,本书在体例上以现行侵权法规范为基础,以一个个鲜活的案例为引导,将侵权责任原理与适用规则串联起来,让刻板的法律规范与典型案例结合起来,真实地呈现了若干现实案例及法院裁判结果,准确地提供了深入浅出的专业解析、专家支招以及相关法律规范和司法解释的条文供读者参考使用。

其次,本书在案例选编上,尽可能综合考虑到时效性、社会关注度及典型性三个方面。本书选择的都是社会生活中关注度较高,发生比较近的真实案例,尤其是《侵权责任法》颁布后出现的引起较大社会影响、引发过社会广泛讨论的较新的典型案例,以期读者在阅读和使用时感觉更贴近生活更具实用性。

最后,本书在内容上逻辑严谨、通俗易懂,具有较强的针对性和实用性,既可以作为对侵权法律规范的学习参考书也可以作为解决侵权纠纷的实践指导书,从而引导读者直观地找到解决各类侵权纠纷的有效途径。

目录
CONTENTS

1.免费搭车发生交通事故车主是否应承担责任?

案例:

王某与李某协商免费搭乘李某驾驶的车辆回老家过年,车辆在行驶过程中发生侧翻,造成李某受伤和王某死亡的严重后果。事故发生后,王某家属遂找到李某,要求李某赔偿,但李某称,王某系搭乘其顺路车辆,自己并未收其坐车费,因此自己不应承担赔偿责任。双方为此发生了争执,起诉到了法院。问:免费搭车发生交通事故车主是否应承担责任?

专家解析:

从法理上讲,无论是有偿乘车还是免费搭车,搭车人都是车上司乘人员,发生单方交通事故,驾驶人员有过错的,其机动车的所有人或者管理人以及驾驶人员应当在其过错范围内承担损害赔偿责任。但是对于搭顺风车发生单方交通事故的情形,《侵权责任法》在"机动车交通事故责任"这一章并无具体规定。同时,2012年12月21日起实施的最高人民法院《关于审理道路交通事故损害赔偿案件适用法律若干问题的解释》中也没有作出具体规定。在《中华人民共和国侵权责任法司法解释草案建议稿》第103条是这样规定的:"免费搭乘机动车发生道路交通事故造成搭车人人身损害的,不能免除机动车一方的赔偿责任,但可以适当减轻责任。支付部分费用而搭车的,发生道路交通事故造成搭车人人身损害的,可以参照《中华人民共和国合同法》关于客运合同的规定确定赔偿责任,并酌情予以减轻。机动车驾驶人不知道搭车人搭车,或者明确对搭车人予以拒绝的,对于发生的道路交通事故造成的损害,机动车一方不承担责任。"实际上就是提出了对"好意同乘"即免费搭乘机动车辆发生事故处理的依据。但这个司法解释只是一个修改建议稿,并不具有法律效力,一旦发生纠纷,这类问题还是很难处理的。

专家支招:

在我国随着私家车的剧增,交通压力也变得越来越大,搭顺风车是一种值得提倡的节能减排的出行方式,但是一旦发生交通事故,造成搭车人人身、财产损害,机动车车主一方是否承担责任? 对此问题存在着很多的争议。目前,关于"好意搭乘"的问题还没有明确的法律规定。所以,建议大家在搭车之前,双方之间要就可能发生的风险分担问题确定清楚,以避免日后发生纠纷闹上法庭。

2.业主家中失窃,小区物业对损失是否应承担赔偿责任?

案例:

庄某某家住某某省某某市新新家园小区,某某市新新物业管理有限公司系该小区的物业管理企业，但双方未签订物业管理合同。2010年8月24日下午，庄某某私人车库被撬，存放在内的一辆美达牌电动车被盗。庄某某当即报案，公安机关作了接处警记录，新新物业公司也在巡查记录中作了记载。后庄某某向物业公司多次索赔未果，遂诉至某某市清浦区人民法院，要求物业公司赔偿其电动车损失人民币1700元。被告辩称，原告与被告是物业管理合同关系，而非保管合同关系，被告已经履行了正常的巡查义务，原告的诉讼请求于法无据，故请求法院驳回其诉讼请求。问：业主家中失窃，小区物业对损失是否应承担赔偿责任？

专家解析：

根据国务院《物业管理条例》的规定，物业管理是物业管理企业按照物业服务合同的约定，对房屋及配套设施和相关场地进行维修、养护、管理，维护区域内的环境卫生和秩序的活动。由此可见物业管理的法律特征是：1.在物业管理服务合同中，物业管理企业与业主形成的是对物业的委托管理关系，而非保管合同关系；2.物业管理企业提供服务的内容是，对房屋及配套设施和相关场地进行维修、养护、管理；3.物业管理企业服务的空间范围是物业的公共区域，业主的私人空间不在物业管理的范围内。因此，作为物业管理中的保安其职责仅限于物业公共区域防范性安全保卫活动，目的是维护物业公共区域的秩序，为业主创造安全的居住环境。

既然物业管理企业与业主形成的是合同关系，那么物业管理企业只有在违约的情况下(排除侵权情形)才应承担民事责任。在事实合同关系中,物业管理企业只有在不履行或不适当履行一般物业合同中主要义务时才应承担民事责任。物业管理企业不是业主的保管人、保险人,其自身也不具有彻底根除治安和刑事案件的能力。物业管理的收费主要用于公共设施的维修与维护、绿化的养护、物业的保洁、保安服务等方面,因此在物业管理企业未违约的情况下,让其对业主因遭遇治安和刑事案件受到的人身损害和财产损失承担赔偿责任没有法律依据,而且也显然是违反了权利义务对等原则。

综上所述,原告的电动车失窃,直接责任人为偷车人,应由其承担返还或赔偿责任。被告既非原告的保管人、保险人,对原告也没有事先的特别承诺,且已履行了正常安全巡查的义务,失窃事件又发生在原告的私人空间,故原告的电动自行车失窃与物业管理企业的管理行为无因果关系,在此情况下要求被告对其损失进行赔偿没有法律依据。

专家支招:

近年来,我国房地产业发展迅速,物业管理这一新鲜事物应运而生。但由于传统思维的惯性,许多人还不能理解物业管理的真正含义,由此而产生了一些不必要的纷争和诉讼,本案即属一例。业主因遭遇治安或刑事案件向物业管理企业索赔,物业管理企业对此应否赔偿,这已成为社会普遍关注的热点问题。通过这个案例,我们就明确了业主私人空间物品失窃,一般情况下,小区物业只要尽到了物业管理合同中所约定的义务是不需要承担损害赔偿责任的。

3.房屋让与他人居住致邻居受损,屋主是否应承担连带责任?

案例:

甲结婚之后暂时住在岳父家中,岳父因为有两套房子,所以就搬到另外一处房子居住。甲和妻子在岳父的这套房子居住时,由于使用电暖器不当,导致电线着火。不仅自己家里的财产受到了损失,还给楼上的邻居造成了不小的财产损失。邻居找到了甲的岳父,要求其承担损害赔偿责任,双方因此而发生了纠纷。问:房屋让与他人居住致邻居受损,屋主是否应承担连带责任?

专家解析:

根据《民法通则》第106条第2款的规定:"公民、法人由于过错侵害国家的、集体的财产,侵害他人财产、人身的,应当承担民事责任。"以及《侵权责任法》第6条的规定:"行为人因过错侵害他人民事权益,应当承担侵权责任。根据法律规定推定行为人有过错,行为人不能证明自己没有过错的,应当承担侵权责任。"本案中,甲系房屋的使用人,是直接侵权行为人,受害人楼上邻居当然可以向甲主张损害赔偿,但如果只允许邻居向甲主张权利,有时会出现行使权力的障碍,比方说受害人找不到直接侵权人,这对受害人利益的保护是不利的。另一方面,房屋的所有权人对于将房屋交付给侵权行为人居住存在一定的过错,因此,受害人也应该可以向屋主主张权利。但是,因为屋主不是直接侵权人,所以,屋主在赔偿完之后可以向直接侵权人追偿。综上,甲的岳父岳母作为房屋的业主和管理人,应该对楼上的受害人承担赔偿责任,楼上邻居可以选择由业主或者居住人进行赔偿,业主在对邻居赔偿完之后,可以向有过错的居住人进行追偿。

专家支招:

房屋的所有权人在将房屋出租和借用给他人时,需要尽到一定的注意义务,因为即使房屋没有在自己的管领控制之下,作为房屋的所有权人也不能完全摆脱干系。虽然民事责任最终是由直接侵权行为人承担的,但是房屋的所有权人在直接侵权行为人不能或者没完全承担责任之前是要承担补充连带责任的。

4.“知假买假”者能向商家索赔吗?

案例:

2008年4月13日,自称为川内著名专业打假人士的刘某在成都某知名食品销售公司第57分场见其出售的标识为中国贵州茅台酒厂有限责任公司保健食品“茅台不老酒”的外包装的“说明书”和“合格证”上未标明该保健食品的保健作用、适宜人群及有关注意事项,知道这不符合卫生部颁发的《保健食品管理办法》的要求,便购买了一盒,售价259元。购买后未饮用。后向法院起诉称该酒标签和说明书上内容违反规定,依卫生部卫法监发(1999)第579号文件的精神,属不合格产品,系欺诈消费者行为,侵犯了其依《消费者权益保护法》规定所享有的知悉权,诉请法院依《消费者权益保护法》第49条判决被告退还货款,自愿放弃双倍赔偿,并要被告在新闻媒介上公开向其赔礼道歉。法院经审理驳回了原告的诉讼请求。问:"知假买假"者能向商家索赔吗?

专家解析:

近年来,随着市场经济的繁荣和百姓自我保护意识、法律意识的增强,《消费者权益保护法》(以下称《消法》)已成为百姓最为熟悉的部门法之一。法院受理的涉及消费者权益保护的案件也日益倍增。其中被新闻媒介称之为"王海现象"的买假索赔甚至是知假买假索赔案件尤其引人注目。本案就是一起典型的知假买假索赔案。社会对这种现象从社会道德、社会效应等角度进行了热烈地讨论。而法学界也给予了极大的关注。本案的判决有以下三方面的理由:其一,刘某购买"茅台不老酒"的目的不是为了生活消费需要,而是为了索赔或监督,因此其不是《消费者权益保护法》中所称的消费者,当然不能用该法来调整此纠纷。其二,被告所售"茅台不老酒"在包装标识上虽有欠缺,未按规定标注必须标注的内容,但经营者对其并未作虚假说明,即未将未经批准为卫食健字的商品宣传为保健食品或将此商品宣传为彼商品。原告无证据证明被告有以假充真,以次充好的情形,无证据证明其所购酒品在形式与内容上的不一致及形式之外的质量上的瑕疵。因此被告所售酒品包装标识上的欠缺说明不属虚假说明情形，形式上的不合格不等于质量上的不合格。因此被告出售外包装有瑕疵的保健酒并不是欺诈行为。其三,被告购买该酒后并未饮用,没有造成任何损害后果,无损害即无赔偿,被告对原告也无需承担包括赔礼道歉在内的任何民事责任。

专家支招:

从法律角度认识这类案件,应注意几个问题:

(1)确定购买者是否是消费者。这是适用《消费者权益保护法》调整该纠纷的前提。《消费者权益保护法》第2条规定:"消费者因生活消费需要购买、使用商品或接受服务,其权益受本法保护,本法未作规定的,受其他有关法律、法规保护。"该条规定了消费者的概念。即必须是因生活消费需要购买、使用商品或接受服务的人,才是消费者。消费者权益保护法保护的消费者是为生活消费需要购买、使用商品或接受服务的人,其购买、使用商品的目的是为了生活消费需要,他看重的是商品本身的使用价值。而知假买假者购买商品的目的是为了营利,他并不看重商品本身的使用价值,主要是通过购买商品索赔。一般来说,在买卖关系中,消费者总是处在弱者的地位,而知假买假者则不同,他们在购买前利用已知的知识和技能,了解经营者出售的商品的真实情况,有时他们在某些方面的知识比经营者还要多, 因而在买卖关系中并不处于弱者地位。而消费者权益保护法正是基于消费者在与经营者的买卖关系中处于相对弱势,为保护消费者的合法权益不受侵害而制定的。所以知假买假者不应认定是消费者。

(2)如何认定行为性质属于"知假买假"。本案判断刘某知假买假不是消费者有一定的特殊性,因为刘某自认了购买目的不是为了消费。如果刘某不承认自己知假,则不能这样认定。因为当事人是否具有"知假买假"的目的,还应由客观行为来表现。在《消费者权益保护法》修改过程中,有学者提出此类案件应采取举证责任倒置的原则,消费者只需要证明从经营者处购买商品或接受服务,其余的举证责任应由经营者承担。经营者首先要证明的是,自己出售的商品或提供的服务符合规定,如其认为购买者是知假买假索赔,还要提供相应证据证明购买者是明知而故意购假索赔,目的是为了营利。如其不能提供证据证明自己的主张,则应认定购买者是消费者。这不仅符合《消法》保护弱者的原意,也鼓励公民对经营者的合法监督,从而推动社会的进步,同时司法实践中也具有了显著的可操作性。

5.雇工在工作中受到他人伤害可否要求雇主承担赔偿责任?

案例:

被告某某某建设集团有限公司与某某江海建设有限公司共同承建了某某市江曲公路北延工程,原告黄某某系莫某江海建设有限公司在施工地段聘请的临时工。2009 年 11 月 30 日,张某某驾驶未经公安交通管理部门登记的三轮载货摩托车由南向北途经某某市江曲公路北延路段时,碰撞到站在公路边清扫公路的黄某某,致其受伤。经公安部门认定,张某某负事故的全部责任,黄某某不负事故责任。黄某某受伤当日即被送往如皋市胜利医院就诊,共用去医疗费用计14403.18元。经法医鉴定,黄某某右侧6、9、10、11肋骨骨折伴右侧胸膜粘连损伤,构成十级伤残。原告要求两被告共同赔偿医疗费、误工费、护理费、住院伙食补助费、交通费、营养费、鉴定费、残疾赔偿金、精神损害抚慰金合计41127.2元。某某省某某市崇川区人民法院依照相关法律条文做出如下判决:两被告于判决生效后十日内共同赔偿原告39222.88元;驳回原告的其他诉讼请求。一审判决后,原、被告均未上诉,判决已经发生法律效力。问:雇工在工作中受到他人伤害可否要求雇主承担赔偿责任?

专家解析:

这是一起雇员在从事职务活动时遭受雇佣关系以外的第三人人身侵权造成损害要求承担民事责任的案例。在本案中,赔偿权利人黄某某没有将直接的侵权人张某某列为被告要求其承担责任,而是将没有实施侵权的雇主太平洋建设集团有限公司和某某江海建设有限公司列为被告,并要求两单位共同承担民事赔偿责任。本案体现的法理基础是侵权法上不真正连带债务的理论。

该理论在我国侵权法上具体体现在最高人民法院《关于审理人身损害赔偿案件适用法律若干问题的解释》第11条,该条规定:"雇员在从事雇佣活动中遭受人身损害,雇主应当承担赔偿责任。雇佣关系以外的第三人造成雇员人身损害的,赔偿权利人可以请求第三人承担赔偿责任,也可以请求雇主承担赔偿责任。雇主承担责任后,可以向第三人追偿。"适用上述法条应当注意以下几点:(1)请求对象的可选择性。雇员为赔偿权利人,第三人或者雇主为赔偿义务人,雇员有权选择请求其中之一赔偿其在从事雇佣行为时因第三人的侵权行为造成的人身损害,这样规定的目的是为了方便雇员行使赔偿请求权,充分保护雇员的利益,让雇主承担起损害赔偿担保人的角色。(2)致害原因的特定性。只能是因第三人的侵权行为造成了雇员的人身损害,而不是因为劳动条件或者雇主的原因引起的对雇员的人身损害。(3)发生时间的关联性。必须是在雇员执行职务活动中发生,雇员受损害与其履行职务相关联。所谓关联,是指雇员从事的是授权范围内的生产经营活动或者其他劳务活动。(4)责任承担上的转嫁性。雇主先行承担责任是临时的,毕竟他不是实际侵权人,雇主承担责任后,可以向实施侵权行为的第三人进行追偿,从而使第三人对自己的侵权行为最终负责。

专家支招:

雇员在雇佣法律关系中属于弱势的一方,为了保护他们的民事权利在受到侵犯时能够得到及时的救济,法律规定雇员在工作中受到第三人的伤害,即可以向第三人主张侵权责任,也可以要求雇主承担责任,雇主在承担责任之后,可以向有过错的第三人追偿。雇员可以权衡利弊在两者之中进行选择,以便更好的维护自己的合法权益。

6.无资质的修车人试车肇事逃逸,车主应否承担垫付责任?

案例:

2009年1月19日20时,杜某驾驶在其店铺修理的大货车外出试车,当行驶至乡村公路时,该车前部与同向行驶的两辆自行车相撞,造成颜某等4人当场死亡,杜某弃车后逃逸。此次事故造成直接经济损失30余万元。事故经交警部门确认属非道路交通事故,杜某夜间驾驶制动、灯光均不符合安全要求的机动车,对路面情况未注意观察,盲目行驶;事故发生后,弃车逃逸,应负该起事故的全部责任。颜某等4人的第一顺序人以死者亲属的身份分别向法院提起诉讼,请求赔偿。庭审中,第一被告肇事者杜某因已逃逸(公安机关正在追逃之中)未到庭参加诉讼。第二被告车主王某到庭辩称,其车放在杜某处修理,杜某未经本人同意私自将车开出,属杜某盗用本人机动车辆,本人不应承担垫付责任。法院另查明王某将车交给了无营业执照、无资质、无汽车修理许可证的杜某进行修理。一审法院依照《中华人民共和国民事诉讼法》《道路交通事故处理办法》等有关规定,判决杜某承担赔偿责任,车主王某在杜某无力赔偿时负垫付责任。一审宣判后,王某不服,提起上诉,请求二审法院撤销王某承担垫付责任的一审判决。二审法院经审理维持原判。

问:无资质的修车人试车肇事逃逸,车主应否承担垫付责任?

专家解析:

本案的争议之处在于车主王某是否应当承担垫付责任。车主王某将车辆交给了一个无营业执照、无资质证明、无汽车修理许可证的个体修理店(杜某)进行修理,其对车辆的修理采取了放任的态度。因此对于修车人杜某造成的损害结果,虽不是王某的行为所致,但根据《道路交通事故处理办法》第31条"交通事故责任者对交通事故造成的损失,应当承担赔偿责任。承担赔偿责任的机动车驾驶员暂时无力赔偿的,由驾驶员所在单位或者机动车的所有人负责垫付"的规定,王某系该机动车的车主,其过错在于将车交给了非正规修理厂家修理,行为上放任了车辆的管理,其承担垫付责任也是于法有据的。

以我国目前的民事法律之规定,侵权行为常分为一般侵权行为和特殊侵权行为两种,其责任构成要件、归责原则及举证责任各不相同。本案中的侵权行为在性质上属于一般侵权行为,其责任构成主要是当事人主观上必须存有过错,其归责原则当取过错责任原则。该案法院判决杜某承担责任适用过错责任原则,王某负垫付责任是基于其在车辆修理过程中,主观上存在过失,法律规定其应当承担垫付责任。在举证责任的分担上,主张权利的受害方有责任提供证据以证明侵权行为的实施者,侵权行为的工具即车辆;作为车主王某承担的举证责任是证实其不知道也不可能知道车辆是交给了非正规的修理部门进行修理,如果无法证明即应承担垫付责任。当然,车主王某垫付后,有权向杜某进行追偿。

专家支招:

如果车主王某将车子交给有合法资质的修理厂进行修理,那么对于此次事故王某是无需承担责任的。但此案例中的修理厂不具备合法资质,直接侵权人杜某又逃逸未被抓捕,根据法律规定车主王某就要对受害人家属进行垫付。这个案例也告诫我们,当车辆出现问题需要维修时,一定要找一家正规的维修店,不能因为贪图便宜而给自己惹上麻烦。

7.雇员绕道受害谁承担赔偿责任?

案例:

　　2009 年 2 月 12 日王某与李某、林某、刘某 3 人签订了一份雇佣合同,由李某、林某、刘某在信丰县大塘埠镇收购木材。2009 年 4 月 11 日李某、林某、刘某驾车到大塘埠镇星金村收购木材后,准备回大塘埠圩镇再收购木材。但是,因下雨,从星金村回大塘埠圩镇的路况不好,且林某需去信丰县汽车站买车票,因此,李某、林某、刘某 3 人从星金村绕道经信丰县城回大塘埠圩镇。在从信丰县城回大塘埠圩镇的路上,因发生交通事故,造成林某死亡。王某认为林某等人绕道信丰县城,超出了雇佣工作的地点范围,因此,拒绝赔偿林某死亡的损失。问:雇员绕道受害谁承担赔偿责任?

专家解析:

　　根据最高人民法院《关于审理人身损害赔偿案件适用法律若干问题的解释》(以下简称《解释》)第 11 条第 1 款的规定,雇员在从事雇佣活动中遭受人身损害的(非第三人致害),雇主承担责任。但雇主承担责任的关键是雇员是否是在从事雇佣活动中受害。

　　如何确定雇员的行为是否为从事雇佣活动呢? 根据《解释》第 9 条

第2款规定，从事雇佣活动是指雇员从事雇主授权或者指示范围内的生产经营活动或者其他劳务活动；如果雇员的行为超出授权范围，但其表现形式是履行职务或者与履行职务有内在联系的，也应认定为从事雇佣活动。因此，本案关键是雇员绕道是否仍然处于从事雇佣活动中，如果雇员绕道仍然是处于从事雇佣活动中，那么雇主对其雇员受害就应承担责任；否则，则不应承担。

本案中，林某绕道是因为自己买车票和因下雨路况不好。林某买车票是为了处理自己的个人事务，具有个人目的，但因下雨路况不好绕道是为了完成雇佣活动的目的。对这两种目的进行分析，后种目的应是主要的，即使林某不买车票，林某等人也必须绕道，且该绕道是唯一的，即没有其他道路可绕。林某等人要完成雇佣事务，就必须绕道信丰县城回大塘埠圩镇。而且，雇主王某也应该预见在因下雨路况不好的情况下，雇员林某等人为完成雇佣事务会绕道信丰县城回大塘埠圩镇的。但是雇主王某不可能预见林某会去汽车站买车票，如果林某受害发生在汽车站买车票时，那么王某就不应承担赔偿责任。然而，林某之受害并非发生于林某进入信丰县汽车站至林某买好车票离开汽车站之时间和场所，而是发生于林某离开汽车站后回大塘埠圩镇的路上。因此，雇主王某对其雇员林某的死亡应承担赔偿责任。

专家支招：

雇主对于雇员在工作中受到的伤害（排除来自第三人的伤害）是否承担责任，关键是看雇员从事的活动是否属于雇佣活动，是否发生在雇主指定的工作时间和工作范围内，如果是，雇主就要对此承担责任。但实际中,雇员可能会在完成工作任务的同时又有其他的目的,这时就要具体情况具体分析。像本案当中,雇员在工作目的之外,又有办理个人事情的目的,但要完成工作任务的目的是主要的,且伤害又发生在工作范围内,因此,损害后果应当由雇主来承担责任。

8.学生课间玩耍受伤学校是否承担责任?

案例:

某日下午,某小学课间期间,学生杨某在操场玩耍,被正在追逐打闹的学生李某、王某撞倒在地,并被压在身下,造成阴茎包皮挫裂伤。杨某受伤后,学校立即将其送往医院治疗,并同时通知了3名学生的家长。在医院,黄某做了包皮环切手术,但未住院治疗,并于10天后到校继续上课。其医疗费、交通费等已由李某、王某的监护人支付。经公安部门法医活体检验鉴定,该包皮环切手术属正常手术,不会对杨某的身体造成不良影响,属于轻伤。其后,杨某的家长作为代理人,以杨某因伤害造成生殖器畸形,可能对今后生活产生影响为由,以另两名学生及该学校为被告,提起诉讼,要求3方赔偿他们误工减少的收入及精神损伤费10万元。

一审法院经审理认为:杨某在课间被李某、王某撞倒造成身体伤害,李某、王某均系未成年人,其在校期间,学校应当承担教育、管理的责任。因此,对杨某在校期间身体被伤害,该小学也有一定的过错,应承担一定责任。但由于杨某的医疗费、交通费等已由另两名学生的监护人赔付,且公安部门的鉴定已证明,杨某所受的伤害不会对其身体发育造成不良影响。因此,原告的请求于法无据,判决驳回起诉。原告认为一审法院认定小学对伤害的发生有一定的责任,却不判决其承担责任的具体方式,结果不公,遂提起上诉。

二审法院经审理认为:李某、王某作为限制民事行为能力人,在学校课间嬉戏时致杨某受伤,有过错,应承担民事赔偿责任。根据最高人民法院《关于贯彻执行〈中华人民共和国民法通则〉若干问题的意见》(试行)第159条,"被监护人造成他人损害的,有明确的监护人时,由监护人承担民事责任"之规定,应由两名学生的监护人承担民事责任。在他们不慎致伤杨某的过程中,学校不存在管理过错,故不应承担民事赔偿责任。一审判决认定事实、适用法律均有错误,予以撤销。问:学生课间玩耍受伤学校是否承担责任?

专家解析:

根据最高人民法院《关于贯彻执行〈中华人民共和国民法通则〉若干问题的意见》(试行)第160条的规定,"在幼儿园、学校生活、学习的无民事行为能力的人或者在精神病院治疗的精神病人,受到伤害或者给他人造成损害,单位有过错的,可责令这些单位适当给予赔偿"。《侵权责任法》第39条规定:"限制民事行为能力人在学校或者其他教育机构学习、生活期间受到人身损害,学校或者其他教育机构未尽到教育、管理职责的,应当承担责任。"因此,在学生伤害事故中,如果学生是限制民事行为能力人,应当按过错责任原则确定学校责任,即学校有过错的承担与其过错相应的责任,无过错的即无责任。

那么如何确定学校管理职责的范围,以明确在类似的事故中学校是否有管理过错呢?根据《教育法》《教师法》《未成年人保护法》等法律的规定,学校、教师对学生在校期间的人身安全负有保护的职责。学校是否尽到管理的职责,应以其是否履行了法定义务以及是否在可预见的范围内,尽到了谨慎的注意义务为判断依据。以本案为例,未成年的学生课间追逐打闹从孩子的天性来讲是不可避免的,从教育者的角度,也是正常的,不应当限制。学校未禁止学生的此类行为,并不属于管理的疏忽和过错。如果孩子的玩耍在正常的范围内,只是由于偶然的和难以防范的意外而发生事故,那么学校就没有管理的过错。但由于学生是未成年人,其对危险的认知和判断是有限的,学校和教师还是有义务制止他们明显的危险行为,如在危险的地方玩耍、以危险的方式游戏、以危险的手段玩笑等。如果学校、教师发现了而未及时予以制止,那么就应对事故后果承担部分责任。当然,对事故责任的判断是难以完全予以客观化描述的,关键还是以教师是否根据专业的知识、职业的道德,尽到了谨慎管理者的义务为依据,在具体的案件中应当具体地分析。

专家支招:

学校等教育机构对属于限制民事行为能力人的学生在校园内受到的伤害是按照过错责任原则来承担责任的,判断学校主观上是否有过错的依据就是学校等教育机构有没有尽到管理职责。我们一方面要求学校等教育机构要尽到管理职责,另一方面又不能对其课以过严的要求,以免导致学校教学谨小慎微、畏首畏尾,影响学生的素质化教育。

9.医院 B 超未检查出胎儿左手缺失是否对胎儿 或胎儿父母构成侵权?

案例:

原告鲁某母亲张某怀孕后到被告某某市镇海区蟹浦镇卫生院做产前检查,在该院共做了四次 B 超检查。不久,张某在当地医院分娩,但原告出生后发现左手腕关节以下缺失。原告鲁某认为,由于被告 B 超诊断失误,造成残疾儿童出生,对原告以后的生活、婚姻带来很大影响,为此以医疗事故人身损害赔偿为由诉至法院,要求被告支付医疗费、精神损害抚慰金、假肢费等各项费用 30663 元。法院以本案原告主体不适格,鲁某不应成为本案的当事人,依法裁定驳回原告鲁某的起诉。此案被裁定驳回起诉后,鲁某的父母作为原告再次向法院起诉,起诉的案由为医疗事故人身损害赔偿纠纷。最后该案以原告自愿撤诉结案。问:医院 B 超未检查出胎儿左手缺失是否对胎儿或胎儿父母构成侵权?

专家解析:

本案争议的焦点问题主要是两个:

(1)鲁某作为原告的主体适格问题

首先,公民的民事权利能力始于出生,终于死亡。而先前案例中原告鲁某与被告镇海区蟹浦镇卫生院发生法律关系时尚未出生，还只是母体中胎儿，显然没有民事权利能力，也不具备民事诉讼主体资格，因此，先前案例中原告诉讼主体是不适格的。

其次，从医疗服务法律关系的角度分析，张某到被告医院接受孕妇产前检查，与医院之间形成医疗与被医疗者的医疗服务法律关系，在这一法律关系中，主体是张某和医院，胎儿、胎儿出生后的婴儿及婴儿的父亲均不在内。

再者，造成鲁某左手腕关节以下缺失的原因是先天性残疾，与被告的行为无关，这一点双方当事人在庭审时均予确认。故原告左手腕关节以下缺失之事实与被告对原告母亲张某进行产前检查的医疗服务行为无因果关系，被告对原告鲁某本人身体不构成侵权。

（2）被告对胎儿的父母是否构成侵权的问题

本案实质为优生优育选择权侵权赔偿纠纷。对于优生优育选择权，当时还是胎儿的鲁某无法决定自己是否出生，在他出生之后更是已经失去行使这项权利的前提基础。优生优育选择权只能由胎儿的父母行使，因此在第一次诉讼被裁定驳回后，胎儿父母作为共同原告再次起诉至少在诉讼主体上是符合法律规定的。

优生优育权是公民的生育权衍生出来的一项权利，虽然我国宪法、民法通则没有规定，但《母婴保健法》《计划生育法》等相关法律对此做了相应规定。然而优生优育权虽然也是公民的一项基本权利，但毕竟有别于其他人身权利。《母婴保健法》规定，经产前检查及诊断，如胎儿存在严重缺陷等情况，医生应提出终止妊娠，此时夫妻双方有权决定是否终止妊娠。可见优生优育选择权的行使是受到一定限制的。故原告主张的优生优育选择权不属于侵权行为法所指的权利。因此，不能认定原告主张的侵权事实成立。

其次，被告行为上没有过错。行为上有过错是一般民事侵权行为的构成要件之一，没有过错即使给受害人造成损失也无须承担民事责任。根据医学界的权威意见，在目前的常规 B 超检查中有时可以看出胎儿是否左手缺失，但胎儿生存的环境、宫内羊水多少、胎位情况以及胎儿在体内活动情况均会影响检出率，所以左手是否缺失并不是 100% 可以发现。因此胎儿左手是否缺失的检查项目不在被告产前孕妇 B 超检查的法定职责范围内，原告也无证据证明被告明知胎儿左手缺失而故意隐瞒这一事实，因而侵犯了原告的知情权、优生优育选择权。故本案的被告在对孕妇做检查时未检查出胎儿左手腕关节以下缺失，行为上并无过错。

上述二则案例原告起诉时均以医疗事故人身损害赔偿为由，但经被告申请，法院委托医疗事故鉴定委员会鉴定，结论是本病例不属于医疗事故，因此也不能以医疗事故损害为由请求赔偿。

专家支招：

医疗损害责任，是指在医疗机构诊疗过程中，医务人员由于过错，造成患者人身损害，医疗机构应当承担的侵权责任。医疗损害责任分为三种类型：(1)医疗伦理损害责任；(2)医疗技术损害责任；(3)医疗产品损害责任。以现有的医疗水平，医院的 B 超是不可能做到百分之百准确的。原告的心情是可以理解的，但是经过对案例的分析，此案不构成医疗损害责任,医院方在没有过错的情况之下是不应该承担责任的。

10.顾客在餐饮场所就餐后摔伤,经营者的责任如何认定?

案例:

原告杨某在被告某餐饮有限公司二层就餐后离开时摔倒在地,后经某某友谊医院及某某市丰盛中医骨伤专科医院诊断为尾骨骨折。为此,杨某共花费医疗费1964.4元,交通费554元,并造成误工81天。某某市公安局丰台分局西罗园派出所出具了一份证明当时现场情形的证明。法院经审理判决由被告对原告的各项损失做出相应的赔偿。问:顾客在餐饮场所就餐后摔伤经营者的责任如何认定?

专家解析:

这是一起经营者违反合理限度内安全保障义务导致顾客受伤的纠纷案件。最高人民法院《关于审理人身损害赔偿案件适用法律若干问题的解释》中第16条规定:"从事住宿、餐饮、娱乐等经营活动或者其他社会活动的自然人、法人、其他组织,未尽合理限度范围内的安全保障义务致使他人遭受人身损害,赔偿权利人请求其承担相应赔偿责任的,人民法院应予支持。"《侵权责任法》第37条规定:"宾馆、商场、银行、车站、娱乐场所等公共场所的管理人或者群众性活动的组织者,未尽到安全保障义务,造成他人损害的,应当承担侵权责任。"为了更好地保护在娱乐场所正常活动大众的人身安全,法律规定了经营者负有安全保障义务。本案涉及的主要法律问题有两个:

(1)经营者合理限度内的安全保障义务的界定及范围、标准。

经营者的安全保障义务主要源于法律的规定,也可因契约而生,甚至是依据经营的实际情况和社会生活的一般常识。经营者利用其经营的场所、设施,从中获利,就应对其场所具有控制危险发生和扩大的能力,在经营场所的消费者及其他人无能力亦没有义务来承担这些风险成本。但是经营者只有未尽合理限度范围内的安全保障义务,才会产生损害赔偿责任。判断安全保障义务的"合理限度",应当根据与安全保障义务人所从事的与营业相适应的安全保障义务的必要性和可能性,结合具体情况认定。

经营者的安全保障义务一般包括维护、保管公共设施,保证产品质量和服务符合安全标准,及时发现安全隐患并采取妥善措施消除危险,对可能造成危险的设施、行为设置明显的标志并采取相应的保护措施。本案中,在派出所的证明中,已经明确得知"地面湿滑、有被扫过的痕迹"这一事实情况,作为餐饮行业,地面打扫后要设置明显警示牌已经成为惯例,受害人穿着高跟鞋在没有任何提示的情况下走到湿滑的地方容易摔伤也是很容易预见到的,该案中的被告由于没有尽到经营者的安全保障义务而致受害人受损,理应赔偿其损失。

(2)安全保障义务的归责原则

安全保障义务的归责原则应适用过错推定责任原则,对其过错的举证上实行举证倒置原则,即经营人举证证明自己主观上没有过错,对场所内会造成安全事故的地方已经设置了明显标志及采取了相应的安全措施方可免责。本案中,某餐饮公司未能举证证明其对在湿滑地面旁设置了明显标志并对这一区域采取过相关安全措施,故按照过错推定责任原则,其应对杨某遭受的损害承担赔偿责任。

专家支招:

作为经营者在从事经营活动获取利益的同时,也要承担起相应的义务——即履行好对顾客的安全保障义务。这种义务要远远高于一般的注意义务,没有尽到合理限度内的安全保障义务,就要承担相应的民事责任。经营者利用其经营的场所、设施,从中获利,就应对其场所具有控制危险发生和扩大的能力。减轻、避免危险发生的成本由经营者来承担也符合经济学规律。

11.两车相撞发生交通事故为何第三方承担责任?

❀ ❀ ❀

案例:

2009年5月,刘某驾驶朋友赵某的小客车,和赵某一起从某某市出发,经过仁坪收费站交纳了10元通行费,沿珲乌公路向西行驶一段路程,返回途中行至119公里250米处会车时,因行车道上堆有煤炭,刘某就在反车道上行驶,结果与对面驶来的小客车相撞,造成两车损坏及刘某、小客车驾驶员郑某受伤。事发当日,某市公安交通警察大队出具了《道路交通事故责任认定书》,认定驾驶员刘某对交通事故负全部责任。为此,肇事车主赵某,驾驶员刘某、郑某以某某公路建设股份有限公司为被告起诉到某市法院,称因为自己的行车道上堆有煤炭,不得不到反车道行驶才导致车祸发生,本次交通事故是因被告某某公路建设股份有限公司未尽管理义务,没有保持道路畅通造成的,要求被告赔偿两车损失12万元及医疗费10500元。公路有限公司辩称,该公司虽然有收费权,但路政管理权及公路养护权交给了其他管理部门,该公司不应该成为被告。而且原告两次通过障碍物,应该知道该路段存在障碍物,此次交通事故发生系原告司机违章行驶造成,公路上的煤炭不应该成为交通事故发生的直接原因。法院经审理判决被告延边公路建设股份有限公司承担两个司机医疗费的50%。问:两车相撞发生交通事故为何第三方承担责任?

专家解析:

这起交通事故的发生是因为司机刘某的违章驾驶造成的,而导致刘某违章驾驶的则是堆在高速公路上的一堆煤。既然被占用的这条公路是一条收费公路,刘某和赵某可以起诉堆放煤炭的人,也可以起诉收费单位延边公路建设股份有限公司,起诉前者的依据是因路被占导致自己不得不走逆行道,从而发生交通事故的侵权法上的请求权,起诉后者的依据就是有偿使用收费公路的民事合同,被告方有义务维护公路畅通,如果违反了该义务给当事人造成损失的,应承担违约责任。

但是在逆行线行车是否必然会导致交通事故呢？如果不是，则不能由某某公路建设股份有限公司承担全部责任，本案交警部门认定刘某承担全部责任的原因如果不仅仅是因为逆行驾驶，而是还有其他不当行为，则刘某本身对交通事故的发生也负有责任。

专家支招：

本案中被告延边公路建设股份有限公司称本公司只有收费权，而没有公路养护的职责，所以不承担法律责任。这是以某某公路建设股份有限公司与其他单位之间的内部关系对抗它与道路使用者所签订的合同这种外部关系，除非在合同缔结时，道路使用者对这种内部关系知情，并且同意该内部安排，否则其无权以之否认自己对道路使用者应履行的确保公路安全畅通的义务。当然延边公路建设股份有限公司赔偿当事人的损失后，可以依照内部约定向其他单位追偿。

12.离婚后发现孩子不是自己的，"生父"可否主张赔偿？

案例：

张某（女）和李某（男）于2004年10月登记结婚，不久后女方怀孕并于2005年5月3日生下一女李某某。之后，在女方多次以"没有感情"和"感情破裂"为由提出离婚的情况下，经双方协商自愿离婚并办理了离婚登记。离婚时，李某本着一切从孩子的利益出发，希望能将对小孩身心健康成长的影响降至最低，同时考虑到女方当时只身抚养小孩的处境，同意全由女方一手起草"离婚协议书"，该"离婚协议书"中约定："1.女儿李某某，2005年5月3日出生，3岁10个月，由女方抚养。男方按每月承担壹仟元人民币抚养费，有关孩子学习、生活等重大事项的费用，双方各负担50%，并于此协议生效之日起开始执行，直到孩子自立生活为止。2.财产按分居时双方共同拥有的7万元人民币现金计算，李某35000现金全部作为分居后小孩李某某的养育费用，其他财产无需处理。3.离婚后，双方各自解决自己住房，费用自己负担。李某拥有女儿的探视权，按每3周一次计算，国家规定的重大节假日，双方各自拥有50%陪伴孩子的时间。任何一方不得以任何借口剥夺对方的权利，如遇特殊情况，双方协商解决。"然而，张某在离婚后却不断以种种借口和托词百般阻挠、破坏协议书中所确定的李某作为父亲的权利，几乎到了能挡就挡、能拖就拖，并常常以一些"冠冕堂皇"的理由不断压缩和减少探视时间……，双方因此多次发生争执。终于，张某实在无法再以任何理由推脱的情况下突然自暴真情，说孩子不是李某的亲生女儿。李某不相信，于是双方便去做亲子鉴定，鉴定结果正如张某所说，李某不是孩子的生物学父亲。李某在知道这一鉴定结果后，犹如晴天霹雳，只觉得天旋地转。清醒后，李某愤然拿起法律武器，向法院起诉，要求张某承担精神损害赔偿、返还对孩子的7年来的抚养费、离婚协议书中规定的3.5万元的抚养费、延误"生育权"的损失以及离婚时张某隐匿的一套本属于共同财产的房子。问：离婚后发现孩子不是自己的，"生父"可否主张赔偿？

专家解析：

本案是一起典型的婚姻欺诈和严重侵权的案件。因为这是一起比较特殊侵权的案件，《婚姻法》和《婚姻法》的司法解释（一）中规定的损害赔偿只有符合法定的四种情形之一且须在离婚诉讼中才能提出的规定，不应适于此案件。既然该案件属于侵权案件，在一般情况下，侵权行为人承担赔偿损失的民事责任，必须同时具备和符合法律规定的四个构成要件。即：行为人的行为违法，违法行为造成了一定的损害事实，违法行为与损害事实之间具有因果关系，行为人主观上有过错。因为李某对孩子抚养属于无效的民事法律关系，李某与孩子既非父女关系、亦非养父女关系、更非继父女关系，但却一直在行使着父母子女间的权利和义务，对李某某抚养至七岁，导致这一结果完全因张某的过错造成，所以李某可以不当得利为由向张某主张7年来对孩子支出的抚养费用以及离婚协议书中规定的3.5万元的抚养费；对于离婚时张某隐匿的一套房子重新进行财产分配也应予以支持，原离婚协议书中虽然规定"其他财产无需处理"，但这部分协议规定无效，因为张某采取欺诈的手段、隐匿夫妻共同财产。但是对于李某主张的精神损害赔偿由于不符合最高人民法院《关于确定民事侵权精神损害赔偿责任若干问题的解释》所规定的几种情形，因而不能予以支持。另外，李某主张张某的行为侵犯了自己的"生育权"也是于法无据，不能予以支持。

专家支招：

被告张某的行为违反《婚姻法》中关于一夫一妻的婚姻制度和夫妻

间相互忠实义务的规定。被告在婚姻关系存续期间与他人通奸并生下私生女,这一事实无可辩驳。通奸是违反法律和社会道德的不正当两性行为,是与一夫一妻制不相容的,对婚姻家庭的稳定和睦和社会安定团结及社会道德风尚产生不利影响,为法律所禁止。因此,被告张某需要对自己的行为承担不利的法律后果。

13.气死人到底有没有责任?

案例:

原告吴某的后门前有一块临路的 30 平方米左右的空地。平日,村民常往这里倒垃圾,而吴家的柴火就堆放在路边。去年 8 月 4 日晚,原告看见被告——邻居张大爷推着小推车往空地上倒牛粪,上前阻拦,说牛粪会堵上道路,淹没柴火垛。张大爷则认为这块地方是共用地,双方发生争执。发生争吵后,原告父亲吴大爷也从屋里出来与被告争吵,双方相执不下。争吵过程中,吴大爷突然倒地,后经抢救无效死亡。原告认为父亲受到刺激才当场死亡,责任应归咎于被告,因此请求法院判令被告赔偿死亡赔偿金、精神损失费、丧葬费等费用共计 7 万元。审理过程中,法院查明,吴大爷三年前就患上了心脏病,连农活都干不了。急救中心也出具证明,直接导致吴大爷死亡的病症为心源性猝死。问:气死人到底有没有责任?

专家解析：

侵权民事责任构成中的因果关系要件，是指违法行为作为原因，损害事实作为结果，在它们之间存在的前者引起后者，后者被前者所引起的客观联系。确定违法行为与损害事实之间的因果关系，应当遵循以下因果关系规则：一是对于具有直接因果关系的违法行为与损害事实，适用直接因果关系规则确定因果关系。例如殴打致受害人耳膜穿孔，行为与损害事实之间具有直接因果关系。二是违法行为与损害时之间因果关系较难判断的，采用相当因果关系规则确定因果关系。适用相当因果关系规则，关键在于掌握违法行为是发生损害事实的适当条件。适当条件是发生该种损害结果的不可缺条件，它不单是在特定情形下偶然地引起损害，而且是一般发生同种结果的有利条件。判断相当因果关系的标准，即确定行为与结果之间有无因果关系，要依行为时的一般社会经验和智识水平作为判断标准，认为该行为有引起该损害结果的可能性，而在实际上该行为又确实引起了该损害结果，则该行为与该结果之间为有因果关系。根据相当因果关系说，本案中，被告的行为也是引起原告父亲死亡的原因之一，二者存在着一定的因果关系。虽然这种原因力很小，但被告同样需要承担责任。不过应该根据行为人的主观过错程度和其行为在损害结果产生过程中所起作用的大小，结合案件的具体情况，依法确定其相应的法律责任。

专家支招：

在本案中虽然死者自身有恙，但一个活生生的人就因为一场争吵而亡，这是不争之事实。被告作为邻居是在清楚死者的身体状况的情况下与之争吵的，对死者的死亡是有过错的，因此要承担相应的民事责任。而对于死者来说明知自己身体不好就应该尽量避免动气，注意身体，因而死者及其家属也是有一定过错的。俗话说"退一步海阔天空"，邻里之间的小纠纷实在不应该付出生命的代价。

14.权威部门误检艾滋病致人名誉和财产受损，该如何担责？

案例：

　　2005年11月15日，原告冯某因吸毒被西安市劳教所劳动教养一年。2006年5月底，雁塔区疾控中心协助某某市劳教所采集冯某血样，进行抽血化验，经过市疾控中心初筛为HIV抗体为阳性，省疾控中心确诊仍为阳性。省疾控中心于2006年6月9日出具了原告冯某HIV抗体为阳性的报告。同年6月，市疾控中心将原告冯某的名字发布于艾滋病专报网。2008年8月，原告冯某因车祸被送往某某市高新医院进行手术治疗，经化验发现其并未感染艾滋病。2008年12月9日，由莲湖区疾控中心再次采集血样送省疾控中心检测，省疾控中心经检测出具了编号为08—233号HIV抗体检测确认被告，报告结论为"HIV抗体阴性"。此份报告检验结果冯某并没有患上艾滋病。原告以由于被告的误检，给自己造成巨大的精神伤害及经济损失，起诉要求三被告：1.恢复名誉、消除影响并赔礼道歉；2.赔偿房租损失50000元；3.赔偿误工费

39000元；4.赔偿精神损失费50000元；5.诉讼费由被告承担。此案最终在法院的调解下结案，三被告分别给予原告一定的数额的经济赔偿。

问：权威部门误检艾滋病致人名誉和财产受损，该如何担责？

专家解析：

虽然我们一直在宣传要对艾滋病和艾滋病患者有一个正确的认识，但是社会上对于这种疾病的莫名恐惧以及对艾滋病患者的歧视却是客观存在的。当一个人被好几个权威机构认定患上了艾滋病，他所经受的精神上的重大打击是可想而知的，艾滋病患者的这一身份给他的工作和生活也会带来重大的影响。虽然本案最终的结果冯某没有患上艾滋病是令人欣慰的，但其个人所遭受的精神上、物质上的损失却是实实在在的。从本案的案情来看，三被告在工作中都存在一定的过错，其中的市疾控中心将冯某名字在网上公布出来的行为更是扩大了损害的事实，直接导致了公众对冯某患上艾滋病这一事实的知晓，并且造成了对冯某社会评价的降低。因为现阶段人们很自然地会将得了艾滋病和行为不检点等不道德行为联系起来。而实际上冯某在被认定患上了艾滋病之后，也确实受到了沉重的精神打击，并且在工作和生活中都受到了不平等的待遇。因此，三被告的行为构成对冯某名誉权的侵犯，冯某主张精神损害赔偿金应该予以支持。但是对于冯某其他的诉讼主张由于没有充分的证据证明与被诊断为艾滋病之间存在着因果关系，所以法院没有予以支持。

专家支招：

本案当中调解的结果是被告向原告支付了一定数额的精神损害赔

偿金,而没有对原告的财产损失进行赔偿。实际上,原告的财产损失也是因为被误诊为艾滋病造成的:原告因此失去了很多工作机会,甚至亲属的房子都没人敢租,这些间接的损失也是应该由被告来承担的。

15.未通知近亲属擅自火化死者构成侵权吗?

案例:

　　原告高某系死者朱某之母亲,朱某系某某教育学院的退休教师,终生未娶妻生子,其父已故,母亲及兄弟姊妹均在某某省居住或工作。2003年7月14日,朱某被医院诊断为直肠癌。当日,朱某向某某教育学院离退休管理处反映了自己的病情,管理处干部劝朱某住院治疗,朱某同意。次日,朱某将自己的存折交由离退休管理处保管,管理处负责人等干部又对朱某进行抚慰。同月16日9时30分左右,朱某从某某教育学院教职工宿舍楼顶跳下,当即死亡。某某市公安局南岸区分局接某某教育学院报案后到现场勘查认为,朱某系自坠死亡,不属于刑事案件。次日,某某教育学院在未通知其亲属的情况下,将朱某的遗体送火葬场火化。7月19日,某某教育学院将朱某死亡及已火化的情况以书信方式告知朱某的亲属。8月上旬,朱某的两个哥哥受高某的委托从某某省到某某市与某某教育学院办理了死者朱某的遗物及抚恤金等交接、领取手续。高某于2008年7月8日向某某市教委投诉未果,遂以某某教育学院在未通知死者亲属的情况下，擅自对遗体进行火化，使其亲属不能与死者作最后的诀别，给其亲属的精神造成极大的伤害为由诉至法院，请求被告赔偿精神损害抚慰金6万余元。法院经审理判决被告向原告支付精神损害赔偿金1万元。问：未通知近亲属擅自火化死者构成侵权吗？

专家解析：

遗体是包含确定的人格利益的物，确认遗体告别权，就是对负载于遗体中的人格利益的保护。任何人在其生前都已形成自己的姓名、性别、独特的容貌特征、名誉等独立的人格利益，负载于身体的物质表现形式之中。从人停止呼吸的那一刻起，该人格因素包含在遗体的物质表现形式中长期存在，亦即遗体是存在过的人，是死者本人人格权的残存。因而所有的遗体不仅都包含确定的人格利益，且其本身亦具有特定的人格利益。遗体的人格利益因素在属于遗体本人的同时，还对其近亲属的利益以及社会利益产生影响。所以遗体是负载人格利益的特殊物，对遗体的侮辱与毁坏，既是对死者人格的亵渎，也是对死者亲属、社会乃至人类尊严的毁损。世界各国民法之所以都对遗体进行保护，更重要的是保护遗体所包含的人格利益。

朱某跳楼死亡后，某某教育学院未通知其母高某及其他亲属，于次日将朱某的遗体火化，使高某作为母亲未能在儿子死亡后的第一时间得知此消息，丧失了进行遗体告别的权利，这对死者近亲属是不负责任的。在我们国家，几千年形成的传统文化和善良风俗中，生者对死者的吊唁和缅怀是一种约定俗成的习惯，这种习惯应当受到人们的尊重。某某教育学院应当以一个善良人的注意义务，将朱某的死讯及时告知其亲属。某某教育学院的做法侵害了其母亲高某的其他人格利益。这种其他人格利益属于最高人民法院《关于确定民事侵权精神损害赔偿责任若干问题的解释》规定的人格权范畴。由于近亲属间的特殊身份关系，自然人死亡后，其人格要素对其仍然生存着的配偶、父母、子女和其他近亲属会发生影响并构成生者精神利益的重要内容。本案中，尽管某某教育学院对朱某遗体火化不存在故意侵权行为，但其未通知其亲属的过失行为，给高某精神上造成的痛苦是显而易见的，其过失行为侵害了高某的其他人格利益。因此，高某请求精神抚慰金的主张符合法律规定。

专家支招：

　　朱某单位的行为虽然不是故意所为，但是确实存在着过失。死者的坠楼身亡本来就给亲属带来了很大的伤痛，单位没有让死者的亲属见上死者最后一面，就匆匆将遗体火化掉，实在是让死者的亲属感觉更加悲痛欲绝，感情上无法接受这一事实。因此，朱某单位因为对死者的亲属缺少一些应有的关怀，没有考虑死者亲属的心情和感受，其行为构成一种侵权行为，因而需要承担相应的民事责任。

16.摊主遭不法侵害受伤，市场是否承担赔偿责任？

❖　　❖　　❖

案例：

　　个体业主劳女士2002年与某某翔欣市场签订租赁合同，租赁该市场的营业房从事鲜花经营。2004 年 8 月 21 日,4 名来历不明者冲入劳女士经营的摊位,将店内物品捣毁,并用器械将其打伤。事后劳女士被诊断为脾脏破裂,并做了脾脏切除手术。经伤残鉴定中心鉴定,为八级伤残,属重伤。由于涉嫌刑事犯罪,警方立案侦查,但肇事者下落不明。身心交瘁的劳女士与市场方面就赔偿事宜交涉未果,遂将翔欣市场告至某某市徐汇区人民法院,请求判令被告赔偿经济损失、残疾赔偿金和精神损害抚慰金共计 14.8 万余元。原告劳女士诉称,其与翔欣市场签订了租赁合同,该合同合法有效。原告作为承租方,享有使用摊位开展经营活动的权利,被告作为市场的出租方和管理者,理应尽到最起码的治安保卫的责任,由于未能进行有效的管理,发生歹徒危害市场,导致原告人伤财损,理应承担相应的违约责任。被告翔欣市场辩称,本案是一起严重的人身伤害事件,肇事者涉嫌刑事犯罪,公安机关已经立案并展开了侦查,因此原告应当追究实际加害人的刑事和民事责任,原告却将翔欣市场作为被告,显然是告错了对象。被告在已经尽到管理义务,在事发当日保安于第一时间赶到现场,维持现场秩序并做好善后工作,虽然未能阻止侵害事件的发生,但是已经尽到了合同规定的义务,被告没有违约。最终,法院判决驳回原告要求被告承担违约责任的诉讼请求。问:摊主遭不法侵害受伤,市场是否承担赔偿责任?

专家解析:

本案包含两种法律关系,其中劳女士与肇事者之间构成侵权法律关系,劳女士与翔欣市场之间则构成租赁合同法律关系。就违约之诉而言,争议焦点在于被告方是否应对原告的损害后果承担违约责任。从双方当事人及证人之陈述来看，可以确认被告翔欣市场已经建立起市场安保措施，尽到了作为市场管理者的职责。而且本案涉及侵权事件，这对于原、被告而言，属于不常见的突发性事件，并非为被告翔欣市场之通常预见水平和防范能力所能预见、防范的。而且本案涉及到非一般治安管理事件，若将此类犯罪案件的预防及制止的责任全加于被告翔欣市场，则超出了租赁合同规定的权利义务范围，不符合公平原则。综上所述，原告劳女士以被告翔欣市场未履行合同义务为由，请求被告翔欣市场承担赔偿责任的诉讼请求不成立。

从本案的程序上来看，原告诉讼选择权的行使以及当事人是否适格是值得关注的两个方面。一方面，根据《合同法》的规定，"因当事人一方的违约行为，侵害对方人身、财产权益的，受害人有权选择依照本法请求承担违约责任或者依照其他法律请求承担侵权责任"。据此，本案原告劳女士可以根据租赁合同关系对翔欣市场提起违约之诉，也可以就侵权法律关系对肇事者提起侵权之诉。另一方面，所谓当事人适格是指案件的原、被告要符合《民事诉讼法》第108条的规定，这是启动诉讼程序的原告所必须注意的。本案中，根据现实掌握的证据，提起何种诉讼，关系到权利人能否实现自身的权利。这里存在着诉讼风险的问题。从案件的实体来看，判断违约之诉中的违约责任，应从被告是否履行了租赁合同的义务这一角度来判断；侵权之诉中的侵权责任，应从被告是否为实际的侵权行为人、侵权行为与原告的损失之间是否存在因果关系、侵权行为人有无过错等要件来判断。本案中，劳女士选择了违约之诉，因此争议焦点在于偶然发生的侵权事件能否归责于市场管理方，也就是说，法院是否可以因经营期间突发的侵权事件而认定被告未履行治安保卫义务，因而构成不作为的侵权。根据法院查明的事实，被告方已经尽到了作为市场管理方的义务，原告方将歹徒行凶这一突发事件归责于被告方是没有依据的。

专家支招：

我国法律规定，在实际生活中，消费者在住宿、餐饮、娱乐等经营场所或者其他社会活动场所遭受损害，或者一些犯罪分子在上述场所实施严重侵害他人人身安全的侵权行为，安全保障义务人有过错的，应承担损害赔偿责任。由此普遍产生的误区在于受害者认为凡是发生在上述场所造成的一切损害后果，都应当由安全保障义务人赔偿损失。这是与立法精神相违背的，也没有平衡经营者和消费者间的权利义务。消费者与市场管理者之间构成服务合同法律关系，而摊位经营者与市场管理者之间是租赁合同法律关系。服务合同与租赁合同的归责原则是不尽相同的，由此产生的责任也是不一致的，两者应适用不同的法律加以解决。纵观本案，鉴于肇事者将劳女士打成重伤的事实，已经涉嫌刑事犯罪，应由公安机关立案侦查，劳女士可以待检察机关提起公诉的同时提起刑事附带民事诉讼，此举能便利其调查取证，降低诉讼成本，减少诉讼风险。当然，劳女士也可以待刑事程序结束后，另行提起民事诉讼。需要关注的另外一个方面是，肇事者在事发后即下落不明，劳女士为保障自己的权益，以提起违约之诉追究翔欣市场的责任作为权宜之计，这点是可以理解的，但是从依法维权、理性诉讼的角度来看，劳女士贸然提起违约之诉实为不明智之举，反而导致其既要支付律师费，又要承担诉讼费，使经济损失进一步扩大，应引以为鉴。尽管法院判决没有支持原告的诉讼请求,然而作为市场管理方的翔欣市场,也应该吸取教训,在今后的工作中要加强治安管理,及时更新安保设备,从软硬件两方面提高服务质量,避免此类事件的再度发生。

17.出售旧车之后发生交通肇事,卖主是否担责?

案例:

甲就其所有的一辆两轮摩托车到乙经营的摩托车专卖店办理了以旧换新手续,将旧摩托车折价 500 元出售给乙,另添 4500 元从乙处换购新摩托车一辆。乙随后将回收的旧车以 800 元的价格卖给无驾驶证的丙。后丙驾驶该摩托车与行人丁相撞,致使丁经抢救无效死亡。经交警部门认定,丙无证驾驶是造成此次交通事故的原因,负事故全部责任。受害人丁的妻子以乙、丙为共同被告起诉,要求他们承担连带赔偿责任。最终,法院认定丙构成交通肇事罪,应负刑事责任,赔偿受害人 70% 的经济损失,乙在本次事故中存在重大过错,构成了民事侵权,根据新出台的侵权责任法,判决其承担本次事故 30% 的民事赔偿责任。

问:出售旧车之后发生交通肇事,卖主是否担责?

专家解析:

判断乙应否承担民事赔偿责任,不能简单地从其行为与受害人丁的死亡有没有直接的因果关系来考虑,而应综合考察该侵权行为发生的整个过程,看其在该行为中有无过错。丁的死亡是由丙无证驾驶本该报废的两轮摩托车直接造成的,但乙在收受该废旧摩托车后,并没有直接将该车拆解报废,而是倒卖给没有驾驶证的丙,使本应报废拆解的车辆再次投入运行,最终导致了惨案的发生。因此,乙与丁的死亡虽然没有直接的因果关系,但由于他在本次侵权行为中存在过错,应当承担与其过错程度相当的民事赔偿责任。

专家支招:

目前,我国对于摩托车以旧换新问题尚无明文规定,但可以参照汽车以旧换新政策进行处理,即在办理车辆以旧换新手续后,被交售的老旧车辆应被列入报废机动车的范畴,并及时办理机动车报废手续,进行回收,不允许流入市场交易,更不允许上路运行,否则必然给交通带来隐患。但现实中,我国普遍存在二手车交易旺盛且报废车监管不严的问题,致使相当一部分已经报废的老旧机动车"高危"行驶。通过上面的案例,我们可以得出这样一个教训:如果为一己私利而置公共安全及他人生命、财产安全于不顾,即使是间接侵害了他人身及财产安全的,依然应当承担相应的民事责任。

18.数人相继挖掘池塘致人损害构成何种侵权?

❁　　❁　　❁

案例:

在某某省枞阳县陈瑶湖镇某村境内,有一个面积二三亩的池塘,靠近村中公路,周围有村落、工厂等。该池塘属桃花村民组所有,系该村民组(原为生产队)为浇灌耕地,于上世纪五六十年代人工挖掘而成。经过多年的泥沙淤积,渐成低洼地,遇大雨则淹,遇干旱则涸,对人畜安全基本不构成威胁。2008年,村民周大平、周二平兄弟俩(以下统称"二周兄弟")为满足家人洗衣服的需要,利用挖掘机对该低洼地进行深挖、改造,再次形成了较深的池塘。2010年,村民金大安、金二安兄弟俩(以下统称"二金兄弟")因合伙办厂的需要,又在该区域大量取土,进一步增加了池塘库容。2012年8月的一天,刚满14周岁的小学生汪某某体育锻炼后,至塘内洗澡。因池塘坡陡水深,汪某某又不谙水性,不幸溺水身亡。在交涉未果的情况下,2012年2月,汪某某的监护人汪父和汪母向当地法院起诉,请求判令桃花村民组和"二周兄弟"、"二金兄弟"共同赔偿因汪某某溺水死亡所造成的丧葬费20320元、死亡赔偿金124640元、精神损害抚慰金5万元,合计194960元。问:数人相继挖掘池塘致人损害构成何种侵权?

专家解析:

涉案池塘位于村中道旁,周围有村庄、工厂等,并非人迹罕至之处。因此,该池塘虽然原系低洼地,基本不具有危险性,但经周大平、周二平和金大安、金二安等四被告先后两度挖掘后,其深度与库容均明显增加,潜在的危险性也相继明显增大,对周围群众尤其是未成年人具有一定的安全隐患。周大平、周二平、金大安、金二安等四被告,是涉案池塘的挖掘者,也是该池塘潜在危险的制造者,对该池塘负有安全管理义务;桃花村民组作为涉案池塘的所有者,对该池塘也负有安全管理之责。因此,本案五被告对涉案池塘负有共同的安全注意和管理义务,但他们疏于管理,既没有设立安全警示标志,也没有采取其他安全防护措施,对汪某某溺水死亡的损害后果在主观上具有共同的过失,其行为构成共同侵权,依法应当承担连带赔偿责任。被侵权人汪某某虽属限制民事行为能力人,但溺水身亡时已经年满 14 周岁,应当认识到自己不识水性,下水游泳具有相当的危险性,但仍不慎涉入塘中,最终酿成溺水事故的发生,因此,汪某某对自身损害后果的发生负有主要过错,二原告作为汪某某的监护人,依法应当自行承担主要的民事责任。

专家支招:

生命是无价的,一旦失去无可挽回。在我国的计划生育政策下,很多家庭都是独生子女,一个鲜活的生命的离开给这个家庭所带来的伤痛是无可估量的。如果本案中的被告们能多一点注意,对生命多一份珍惜,而不是只顾着满足自己的需要和利益,也许这样的悲剧就可以避免了。同时,学校和家庭也需要痛定思痛,如果平时对孩子多一些安全知识方面的教育,孩子也许就不会不顾危险地去洗澡了。

19.短信骚扰同事应担何责?

案例:

王某(男)与柳某(女)系同事关系,双方均已结婚。2008 年 12 月 24

日、2009 年 2 月 14 日，王某用自己的手机向柳某的手机发送带有淫秽性和威胁性内容的短信 9 条，该内容系王某专门针对柳某编写的。上述短信给柳某造成了很大的精神压力，并在一定程度上影响了其家庭关系。柳某在接到上述短信后，曾用短信警告王某停止上述行为。2009 年 2 月 17 日柳某到派出所报案，派出所就此事曾传唤王某，并制作询问笔录，王某对此事予以认可。柳某向法院提起民事诉讼，要求王某停止性骚扰，赔礼道歉，赔偿精神损害抚慰金 5000 元。法院经审理认为，王某的性骚扰行为已对柳某本人及其家庭造成了相当程度的损害后果，故对于柳某要求王某给付精神损害抚慰金的请求予以支持。问：短信骚扰同事应担何责？

专家解析：

所谓性骚扰是指违背对方意愿，故意侵扰对方性权利的某种作为或不作为。在实践中可从以下几个方面来界定性骚扰：第一，被骚扰者的主观状态，骚扰者的行为违背了被骚扰者的主观意愿，会引起被骚扰者的心理抵触、反感等。第二，骚扰者的主观状态，是出于一种带有性意识的故意，即骚扰者明知自己带有性意识的行为违背被骚扰者的主观意愿，并且希望或者放任这种结果发生。第三，骚扰者的客观行为，骚扰行为可以表现为作为，即积极主动的言语、身体、眼神或某种行为、环境暗示等；也可以表现为不作为，即利用某种不平等的权力关系使被骚扰者按照其意志行为。第四，侵犯的客体，性骚扰行为直接侵犯的权利客体是被骚扰者的性权利，实质上是公民人格尊严权的一种。

本案中,王某对柳某出于性意识的故意,在违背柳某主观意愿的情况下,以发送淫秽性和威胁性手机短信的方式,引起了柳某的心理反感,侵扰了柳某保持自己与性有关的精神状态愉悦的性权利,故王某的行为构成了性骚扰,并非王某辩称之玩笑过火行为。在我国,妇女的名誉权和人格尊严受法律保护,禁止用各种方式损害妇女的名誉和人格,所以王某应承担自己性骚扰行为的法律责任,故对于柳某要求王某停止短信骚乱和赔礼道歉的请求予以支持。同时依最高人民法院《关于确定民事侵权精神损害赔偿责任若干问题的解释》第 1 条的规定,自然人的人格尊严权受到非法侵害时,受害人可以主张精神损害赔偿;依该《解释》第 8 条第(2)项的规定,自然人因侵权致其精神损害,造成严重后果时,侵权人应赔偿受害人相应的精神损害抚慰金。本案中,王某的性骚扰行为已对柳某本人及其家庭造成了相当程度的损害后果,故法院对于柳某要求王某给付精神损害抚慰金的请求予以支持。

专家支招:

性骚扰作为一种社会现象和文化现象给我国社会造成了一定的冲击,由于我国对性骚扰界定的模糊、相关立法的滞后、证据规则的缺失,使得我国司法实践中性骚扰案件通常以原告举证不能败诉或被驳回起诉而告终。此外,性骚扰多发生在隐蔽的场合,当事人仅为加害人和受害人,受害人寻求法律救济缺乏足够的证据支持,从而导致性骚扰诉讼受害者屡屡败诉。所以,强化受害者的证据意识是性骚扰诉讼成败的关键。本案中,受害人保留的手机短信就是重要的证据。

20.学徒工工作中受伤害,雇主是否应该赔偿?

案例:

姚某某2009年7月5日从灵山县职业中等技术学校毕业并获电工作业特种作业操作证及家电制冷维修证。被告梁某某开办的科旭家电制冷服务部缺员工,7月7日,姚某某与同学韦某某一起到梁某某处联系工作。梁某某同意两人学习三个月,如果学熟了,可以正式工作,并给付工资,如果没有学熟,可以继续学,但不给付工资。学习期间,梁某某对两人包吃包住。8月6日早上,姚某某在服务部内修理微波炉时被电击伤,后经医院抢救无效于8月11日死亡,共用去医疗费12984.3元,梁某某预付经济损失15136元。法院一审判决梁某某赔偿原告损失38620.58元及精神抚慰金6000元,二审判决驳回上诉,维持原判。问:学徒工工作中受伤害,雇主是否应该赔偿?

专家解析:

本案属于学徒工在工作中意外死亡,其母亲向雇主请求损害赔偿案,在对该案进行分析时,首先要明确以下几个问题:

首先,学徒关系性质的界定,即被告和受害人之间是否构成雇佣关系。

雇佣关系,指受雇人向雇用人提供劳务,雇用人支付相应报酬所形成的权利义务关系,它是雇主和受雇人在达成契约的基础上成立的,雇佣合同可以是口头也可以是书面的。雇佣关系中的用工主体范围广泛,双方地位平等,更强调当事人的意思自治。此案中,受害人到被告开办的电制冷服务部当学徒工,一方面受害人服从被告人的安排,在指定的场所为其家电制冷服务部提供劳动,另一方面被告为受害人提供了包吃包住等待遇,可以看作是劳动报酬的一种形式,双方虽未签订劳动合同,但形成了事实上的劳动关系,学徒工是雇佣关系中的一种用工形式或是雇佣关系的一种延伸形式,被告与受害人之间形成雇佣关系。

其次,被告是否应当对事故的发生承担责任。

《关于审理人身损害赔偿案的司法解释》第9条第2款规定:"前款所称从事雇佣活动,是指从事雇主授权或者指示范围内的生产经营活动或者其他劳务活动。雇员的行为超出授权范围,但其表现形式是履行职务或者与履行职务有内在联系的,应当认定为从事雇佣活动。"第11条规定:"雇员在从事雇佣活动中遭受人身损害,雇主应当承担赔偿责任。"本案中,学徒工姚某某和雇主梁某某已经形成雇佣关系,姚某某在学徒期间是经常独立修理电器且是雇主明知并允许的,亦即姚某某在服务部内修理微波炉是在从事雇佣活动,其死亡是在从事雇佣活动过程所受到的伤害,梁某某应当对姚某某在从事雇佣活动中所受到的伤害承担责任。

再次,明确受害人自身有没有过错。

受害人作为职业中等技术学校毕业生,并获得特种作业操作证(电工作业）及家电制冷维修证,修理电器时应当知道严格按照电器修理操作规程进行操作,注意安全。但受害人在修理微波炉时安全意识淡薄,且工作时赤裸上身,造成被电击伤,经抢救无效死亡的严重后果,受害人自身也存在过错。

最后,原被告之间责任的比例分担问题。

《关于审理人身损害赔偿案的司法解释》第11规定:"雇员在从事雇佣活动中遭受人身损害,雇主应当承担赔偿责任。"《侵权责任法》第26条规定:"被侵权人对损害的发生也有过错的,可以减轻侵权人的责任。"在司法实践中,对雇员赔偿责任的性质是界定为一种侵权责任的,本案中,雇主梁某应当对事故的发生承担责任,但是,鉴于受害人自身也是存有一定过错的,所以可以减轻雇主的责任。至于具体的比例如何确定,一般认为,主要责任的比例一般是60%-90%,次要责任的比例一般是10%-40%,当然,最后的比例如何确定,法官在决定的时候往往会考虑自己的司法实践以及相关地区赔偿标准的司法通例。本案法院最后的认定标准为:被告承担60%的责任,受害人一方承担40%的责任。

专家支招:

在涉及技术性较强的行业领域,常常存在着"学徒工"这一特殊的团体,他们的学历往往不是很高,常常是以口头约定的方式对有关的工资及业务要求等做出规定,条件也都比较艰苦,人身财产权益受损的事情也是常有发生,但是往往因为维权意识的缺乏或者是能力的有限而导致最终无法弥补自己的损失,因而需要加强如下几个方面的工作:

首先,对于学徒工自身来说,在与用工单位商议时,应当要求与其签订合同,或者至少是书面的协议,以免以后发生纠纷或者事故时无据可循或者是带来举证方面的困难。

其次,在工作过程中,要注意遵守有关的工作安全章程和规范,否则对于自己的此种过错当事人需要承担相应的责任。

最后,对于使用学徒工的用工单位来说,首先应当与劳动者签订合同,而无论是正式职工还是学徒工,这对于双方的权利而言均是一种保障;另外应当注意安全设施的配备和必要安全知识的普及,在发生安全事故意外时,应当及时履行自己的赔偿责任,这对于企业来说是良好信誉的表现,对于企业将来发展无疑是有所裨益的。

21.受害人故意引起的损害,电力设施产权人是否要担责?

案例:

原告史某(死者胡某之妻)诉称,被告京西水电段穿越10余家村民住宅上空架设的至今实际存在的1万伏高压线,且无安全标志,距屋顶垂直高度有1米之高,(村民们不知道这是高压线)。10余家村民在此高压线控制下,一直存在隐患,被告亦无任何防范措施。且对其丈夫胡某之死不承担任何责任,只以8000元资助费救助,而良各庄村委会至今无任何表示。请求法院判令二被告赔偿原告死亡补偿费149980元,赔偿被抚养人胡某某生活费约30000元,赔偿被扶养人梁某(死者胡某之母)生活费约 14000 元,丧葬费 2000 元、交通费 1000 元,合计 196980元。被告京西水电段辩称:胡某触电死亡的根本原因是胡某违反《中华人民共和国电力法》第 52 条、《电力设施保护条例》第 15 条第 3 项之规定,造成的损害后果应由其自己负责,京西水电段不承担赔偿责任。且原告建造房屋未经审批是非法的。事后京西水电段已与史某达成了协议,共同确认造成胡某触电死亡的责任完全由原告方自行承担,京西水电段出于人道主义的考虑支付了原告 8000 元。综上,被告京西水电段不负任何赔偿责任。被告良各庄村委会辩称:村里的人都知道这是高压线。死者胡某建造房屋未经村委会报镇规划科批准是违法的。被告京西水电段架设的高压线并未穿越胡某房屋,胡某的新宅向西错了 5 米才导致触电事故的发生。事后京西水电段已与原告达成了协议,死者妻子史某已收了 8000 元。良各庄村委会不承担赔偿责任。

　　法院审理认为本案中损害结果是由于受害人违反法律禁止性规定,侵入电力设施保护区修建建筑物造成的,与是否设立安全标志无必然因果关系。原告据此请求被告京西水电段承担民事赔偿责任的理由不能成立,不予支持。被告良各庄村委会既不是电力设施的产权人,又不是电力设施的管理人,在本案中没有过错,不承担任何赔偿责任。原告要求二被告承担赔偿责任于法无据,不予支持。判决驳回原告史某的诉讼请求。问:受害人故意引起的损害,电力设施产权人是否要担责?

专家解析:

　　本案是高度危险作业损害赔偿纠纷案,作为特殊侵权行为的一种,受害人往往只需要证明:作业人从事高度危险作业、发生了损害后果、高度危险作业与损害后果之间存在因果关系这三项要件，高度危险作业人就需要承担责任。根据《侵权责任法》第73条规定："从事高空、高压、地下挖掘活动或者使用高速轨道运输工具造成他人损害的，经营者应当承担侵权责任，但能够证明损害是因受害人故意或者不可抗力造成的，不承担责任。"根据该条规定，被侵权人对损害的发生有过失的，可以减轻经营者的责任。如果能够证明损害是由于受害人故意造成的，高度危险作业人可以免责。

本案的争议焦点即为电力设施产权人北京铁路分局京西水电段是否需要承担责任，解决这一问题的基础就在于分析胡某的死亡是否是因为其自身的故意造成的。如果胡某的死亡是因为其自身的故意造成的，被告人北京铁路分局京西水电段就不需要承担责任；反之，则需要承担责任。

从对案情的分析可以得知，在房屋翻盖前被告北京铁路分局京西水电段对高压电的架设是合法的。然而死者胡某未经批准，私自翻建住宅时将房增高，又将正房向西延伸至高压线下，使房屋顶部距高压线导线垂直距离仅1米多，此时的标准就不符合相关的法律了。但是此时不符合法律规定是因为胡某本人造成的，并非是因为被告北京铁路分局京西水电段的行为引起。而本案胡某的死亡正是因为在翻盖房屋的过程中接触到高压电线死亡，因此，很显然，本案胡某的死亡是因为其自身的故意而造成的，这里的故意不是指其故意致自身死亡，而是指其在电力设施保护区从事法律、行政法规所禁止的行为。这在最高人民法院《关于审理触电人身损害赔偿案件若干问题的解释》第3条中有详细规定："因高压电造成他人人身损害有下列情形之一的，电力设施产权人不承担民事责任：（一）不可抗力；（二）受害人以触电方式自杀、自伤；

（三）受害人盗窃电能，盗窃、破坏电力设施或者因其他犯罪行为而引起触电事故；（四）受害人在电力设施保护区从事法律、行政法规所禁止的行为。"本案中胡某的死亡属于第（四）项，此时电力设施产权人不需要承担民事责任。

本案的另一被告北京市房山区周口店地区良各庄村村民委员会并不具有管理电力设施的权力，在胡某的死亡中也并不存在过错，不需要承担责任。

综合而言，本案的两被告基于不同的理由均无需承担责任，法院驳回原告的诉讼请求是正确的。

专家支招：

高度危险作业因为其具有的高度危险性，法律对其进行了特殊的规定，一旦致人损害则适用特殊侵权行为的相关法则来处理。因此，一方面，高度危险作业人应注意完善相应的安全措施和警示标志来防止损害；另一方面，公民也应遵守有关安全事项的规定，以免因自身的行为酿成如本案的悲剧。

22.双方内部安全协议能否免除对第三人承担的责任？

案例：

2008年7月31日中午11时左右，原告朱某某运石子去开发区新民村居民点,由于前面拖拉机陷入泥坑致使道路受阻,原告便帮助卸砖头以便疏通道路。其手被弄脏后,便去被告王某某建房施工现场的自来水龙头上洗手。其洗毕回转时,被从建筑物上坠落的砖块砸伤头部,致原告右侧额颞顶部硬膜下血肿,右顶皮头皮裂开。原告受伤后,随即被送往扬中市人民医院治疗,并于当日行右额颞部去骨瓣减压、血肿清除手术,同年8月12日出院,共花去医疗费7800元。同年8月18日经扬中市公安局法医鉴定,原告朱某某的伤残等级为九级。原告出院时医嘱休息三个月及半年后行颅骨修补手术。另一被告张某某承建了被告王某某的楼房,双方签订了协议,由被告张某某承建楼房的瓦工工程,并承担施工过程中的安全责任。事发当日,施工现场有其他工匠同时施工。被告王某某在施工工地看管建筑材料。整个施工现场没有设置任何明显警示标志,未加围栏,脚手架未安装防护网。原告到施工现场洗手未戴安全防护用具,被坠落的砖块砸伤了头部。原告受伤后,两被告未支付任何费用,原告索赔无望,于2008年9月诉至法院,要求被告王某某、被告张某某承担赔偿责任。经法院审理判决原告朱某某的医疗费、误工费、交通费、护理费、营养费、残疾者生活补助费、残疾赔偿金合计人民币26,000由被告张某某承担13,000,由被告王某某承担6,000元,其余部分7,000元由原告朱某某自己承担。问:双方内部安全协议能否免除对第三人承担的责任?

专家解析:

本案是典型的建筑物致人损害责任。所谓建筑物致人损害责任是指行为人因对建筑物以及其他地上物设置或保管不善,给他人的人身或财产造成损害而应承担的特殊侵权责任。对此,《侵权责任法》第 85 条规定:"建筑物、构筑物或者其他设施及其搁置物、悬挂物发生脱落、坠落造成他人损害,所有人、管理人或者使用人不能证明自己没有过错的,应当承担侵权责任。所有人、管理人或者使用人赔偿后,有其他责任人的,有权向其他责任人追偿。"可见建筑物致人损害责任归责原则是过错推定责任,首先推定所有人或者管理人存在过错,只有所有人或者管理人在证明自身不存在过错的情况下,才能免除其责任。据此,我们可以判断建筑物致人损害的构成要件为:加害行为、损害后果、因果关系和加害人的过错。

联系到本案,被告张某某作为具体施工方对施工现场未设置明显警示标志及围栏,脚手架上亦未安装防护网,其未能尽到全部管理义务,是导致事故发生的主要原因,而根据其提供的证据无法证明其不存在过错,满足建筑物致人损害的构成要件,也符合《侵权责任法》第 85 条的规定,即管理人在无法证明自身无过错的情况下应当承担民事责任。另外,原告方未经批准,擅自进入施工地,而且未佩戴安全帽等防护措施,根据原告从事的工作来看,原告完全了解其行为存在的风险,从此行为可以判断原告也存在一定的过错。根据受害人过错的原理,当损害是由于受害人的过错行为引起的,或者损害主要是由受害人的过错行为引起的,就可以免除侵权人全部或者部分的民事责任。因此,本案中原告也应承担部分责任。

本案被告张某某与原告需要承担责任无疑,问题的关键是另一被告王某某是否需要承担责任?因为王某某已经与张某某签订了协议,由张某某进行施工,也就是说,王某某只是房屋所有权人,而张某某则是具体施工人,在具体施工的过程中造成他人损害房屋所有权人是否需要承担责任,这是其一;其二,王某某在协议中与张某某明确,由张某某承担施工过程中的安全责任,此时造成他人损害,王某某是否还需要承担责任?

首先来看第一个疑问,王某某作为房屋所有权人是否需要承担责任?根据《侵权责任法》第85条规定:房屋的所有权人或者管理人在不能证明自身无过错的情况下均需要承担责任。事发当日,施工现场有其他工匠与瓦工同时施工,被告王某某作为户主应加强建筑工地的管理,防止非工程人员进入工地,其虽举证曾劝阻原告进入施工现场,但这并不能当然免除其管理责任。所以,王某某在本案中是存在过错的,因此其作为房屋所有权人也应承担责任。第二个疑问是内部协议是否能免除对第三人的责任?根据合同的相对性原理,合同的效力只局限于签订合同的双方,房屋所有权人与管理人对具体责任分担的协商不能免除被告王某某对原告应承担的责任,但是王某某在承担责任后可以根据双方签订的安全责任协议向另一被告张某某进行追偿。

因此,综合来看,本案两被告均需要向原告承担责任,而因为原告自身也存在过错,其也应承担部分责任。

专家支招:

在建的房屋施工的过程中,应严格做好安全防护措施。因其坠落物所致他人损害,在无法证明其不存在过错的情况下应承担相应责任。房屋所有权人与管理人签订的安全责任协议也不能免除对第三人应承担的责任。对于受害人来说需要证明损害事实的存在,损害事实是由施工方的行为所造成的。

23.顾客之间相撞,为何商场要担主要责任?

案例:

2010 年 2 月 4 日,彭某某、朱某某从某某商社新世纪百货连锁经营有限公司渝东花园店(简称新世纪渝东花园店)购物后乘该店上行自动扶梯。扶梯上下入口内侧张贴了乘扶梯须知。其中包括:依次上、下扶梯,请握紧扶手,老人、儿童、孕妇请走步行梯。年近 70 岁的彭某某手扶自动扶梯扶手上了扶梯后,将手移离扶手往裤兜里放东西并不时回头看走在其后的朱某某。新世纪渝东花园店的保安一直站在上行扶梯入口处手持一文件夹在书写东西。扶梯上行过程中,朱某某一直埋头在看手中所持的购物小票,未扶电梯扶手。当扶梯上行至三分之二处时,彭某某突然失去重心并向后退,撞到在其后面未扶扶手的朱某某,致朱某某倒下并向扶梯下方滚落。保安立即停止了扶梯并站在扶梯入口接住了朱某某。朱某某被送往医院诊断为:左胫骨远端 PILLON 骨折、左腓骨下段粉碎性骨折。经鉴定,朱某某左下肢伤残程度为九级伤残。事故发生后,朱某某诉至法院,要求彭某某、新世纪渝东花园店赔偿其医疗费、护理费等经济损失 13.8 万余元。某某市万州区人民法院经审理判决由新世纪渝东花园店承担本案 60% 的赔偿责任，彭某某承担 30% 的赔偿责任，其余 10% 的损失由朱某某自行承担。问：顾客之间相撞，为何商场要担主要责任？

专家解析：

本案的争议焦点在于新世纪渝东花园店是承担补充责任还是直接责任。根据侵权责任法第 37 条第 1 款和第 2 款的规定，安全保障义务人未尽安全保障义务的责任类型有两种样态：一是安全保障义务人因违反安全保障义务而直接致使他人遭受损害时的直接责任；二是受害人的损害系由第三人的侵权行为导致，安全保障义务人未尽安全保障义务时的补充责任。第二种责任类型之中，受害人遭受损害的直接原因是第三人的积极加害行为，安全保障义务人未尽义务的不作为，为侵权行为及结果的发生提供了条件，且与第三人积极的侵权行为发生竞合。法律规定此种情况的损失应当由作为直接责任人的第三人承担赔偿责任。在直接责任人没有赔偿能力或者不能确定谁是直接责任人时，由未尽安全保障义务的人在其能够防止或者制止损害的范围内承担相应的补充赔偿责任。补充责任是一种顺位补充责任、差额补充责任且不是终局责任，安全保障义务人在承担责任后可以向直接侵权人即终局责任人追偿。

本案的特殊之处在于：安全保障义务人未尽安保义务的不作为，不是单纯地为侵权行为的发生提供了条件，而是直接引发了第三人的侵权行为，即与第三人侵权行为的发生具有直接的引起与被引起的关系。本案的损害后果不是由第三人的积极侵权行为与安保义务人不履行安保义务的不作为发生竞合所导致，而是由安保义务人不履行安保义务的不作为与其引发的第三人的消极侵权行为间接结合所导致。同时,第三人既是侵权行为人,同时又是安保义务人应当保护的对象,亦是安保义务人未尽安保义务的受害人。安保义务人的未尽义务的不作为,不仅直接引发了第三人的侵权行为, 而且与其直接引发的侵权行为间接结合导致了同一损害后果的发生。具体来说,本案新世纪渝东花园店对顾客朱某某和彭某某均负有安全保障义务。从表象上看朱某某受伤是因彭某某在电梯上后退所致,但实质上主要是因电梯运行的惯性所致。新世纪渝东花园店虽设置了安全警示标志,履行了部分告知义务,但忽略了彭某某作为高龄老人独自乘坐扶梯所存在的风险,其不制止应当走步行梯的顾客乘用自动扶梯、不提醒顾客握紧扶手的不作为行为与彭某某在扶梯上后退并撞倒朱某某具有直接的因果关系,因此,此种情形与侵权责任法第 37 条第 2 款规定的安保义务人承担补充责任的情形不同, 本案中安保义务人应当承担的是与其过错程度及原因力比例相当的直接赔偿责任, 而不是承担直接责任人没有赔偿能力或者不能确定谁是直接责任人时的相应的补充赔偿责任。

专家支招:

　　安全保障义务人未尽安全保障义务的不作为与第三人的侵权行为之间存在引起与被引起关系、且与第三人的侵权行为间接结合造成同一损害后果的,安全保障义务人不应承担补充赔偿责任,而应根据其对损害后果产生的原因力比例和过错程度对赔偿权利人承担直接赔偿责任。这个案例也提醒了负有安全保障义务的人一定要提高安全意识,排除安全隐患,尽量避免可能发生的危险。

24.提供车辆及代驾服务发生交通事故怎么办?

案例:

平安公司系某市一家汽车租赁公司,提供汽车租赁业务。2010年9月初李某因出差需要,遂租赁该公司小汽车一辆,因李某没有驾照,平安公司提出由该公司工作人员陈某为其代驾,并收取相应的代驾费用。然而,在出差过程中发生交通事故致人受害,产生了一定的医疗费用。经保险公司理赔后,还剩1万元赔偿款未赔付,对于该1万元由平安公司承担还是承租人李某负担存在争议。问:提供车辆及代驾服务发生交通事故怎么办?

专家解析:

本案应当由出租人平安公司承担责任,承租人李某不承担责任,理由如下:

第一,《侵权责任法》第49条明确规定了对出租的机动车发生交通事故后如何担责,该条所指的仅仅是出租机动车这一单一行为,并不包括同时提供代驾服务的情形。出租后,出租车辆由承租人实际控制,在承租人控制车辆期间,该车产生的危险源主要来自于使用人的驾驶行为，而非机动车作为物本身的危险性，能够最有效地控制机动车所造成的危险的只能是机动车的使用人，而非承租人。本案中，车辆的实际使用人为陈某，也即平安公司。该法条针对的仅仅是出租经营者将机动车租赁并交付给承租人使用，使用人与承租人为同一人，而不包括提供代驾服务的情形。

第二，出租人出租车辆的同时提供代驾，该类情形虽然形式上为租赁合同，但从出租人与承租人的主要义务来看，主要是出租人提供一定的劳动给承租人，承租人支付一定的报酬，车辆出租只是实现合同的附随，实际上已经是承揽合同的性质。该种情形下，机动车仍然在出租人的工作人员控制和支配之下，风险由出租人控制，而承租人更多的是通过该承揽合同，享受出租人提供的代驾服务而非机动车运行的利益。因此，在此种情况下，应当根据《侵权责任法》第 34 条的规定："用人单位的工作人员因执行工作任务造成他人损害的，由用人单位承担侵权责任"，即由出租车经营者平安公司承担责任，承租人李某不承担责任。

综上，本案中，平安公司出租汽车的同时提供了代驾服务给李某，因此，双方形成是的承揽合同关系，此时发生交通事故损害，应当根据《侵权责任法》第 34 条的规定，对该 1 万元进行赔偿，由出租车经营者平安公司承担责任，李某不承担赔偿责任。

专家支招：

本案中出租人及提供代驾服务的主体为单位，所以根据法律规定应当由单位承担责任。当出租人为个人时，出租人和承租人之间的租赁及提供代驾服务协议在代驾人及承租人之间可能构成个人之间的劳务关系,那么则应当由接收劳务一方承担侵权责任,即由承租人承担责任而非出租人对第三人承担责任。

25.试驾过程中发生的交通事故谁来担责?

案例:

王某欲购买某知名品牌车辆,因该品牌车辆的型号极多,王某想逐一试驾后再行决定。因王某已多次至该汽车销售行就买车事宜洽谈,并与该车行的销售人员已经极为熟悉,该车行同意了王某的试驾要求,让王某在车行规定的试驾场所,即该车行的后院内试驾其心仪但难以抉择的三种不同型号轿车。王某试驾了两辆轿车后,以在院内驾车不爽为由要求至马路上试驾,车行考虑到客户已基本确定了购买意向便同意了王某的请求。王某在路上试驾第三辆轿车过程中,因路窄车多、兼王某车速过快,车辆行进中追尾前车,致两车严重受损。交警部门以王某驾驶证过期未审、且在车辆繁多路段超速并控制不当为由,认定王某承担事故的全部责任。后关于两车损失 17 万元的负担问题,王某与车行发生纠纷协商未妥而诉至法院。法院经审理认为,汽车销售商和肇事顾客王某对于涉案损失的发生均存在过错,判令双方分担了上述损失的赔付责任。

专家解析:

本案中,双方并未签订书面的试驾合同,关于赔付责任的认定并无明确、具体的合同约定来界定；其次，事故的发生虽系王某违规驾驶造成、并经交警部门认定王某全责，但车行在允许王某试驾车辆时，既未核实王某有无合法驾驶资格、又允许王某在非规定的试驾路线上驾驶，存在着过错。依据《侵权责任法》和《民法通则》的相关规定，以及最高人民法院《关于审理道路交通事故损害赔偿案件适用法律若干问题的解释(征求意见稿)》第4条规定：机动车试驾过程中发生交通事故造成损害的，由驾驶人承担赔偿责任；提供试驾服务一方对损害的发生有过错的，承担相应的赔偿责任。王某和车行作为事故发生的过错方，对于事故所致损失均应就其过错而承担责任。至于损失责任的具体比例的确定，应视不同案件的具体案情，即审查双方的过错大小和各自过错导致事故发生及占所致损失的比例来综合认定。问：试驾过程中发生的交通事故谁来担责？

专家支招：

汽车销售企业(试驾车辆的所有者、试驾活动的组织者)应做好几点：一是谨慎审查义务。即对于试驾者的驾驶资格进行严格审查，对其驾驶经验和驾驶水平予以详细询问。二是先行介绍和说明的义务。在试驾之前，应先行向试驾者介绍和指明车辆的基本性能和特有构造、讲明驾驶的注意事项等。三是专门规范管理。对于试驾车辆，要安排专门的车辆、并定期检查、保养；制定专门的试驾路线，有条件的可设置专门的试驾场地，无条件的也应该确定路况优良、车流量小、岔路拐弯少的试驾路线；陪同试驾的人员，应由经过培训的、富有经验的专门人员组成，试驾中积极履行提醒、监督和矫正的陪驾义务。四是约定合理、协议合法。与试驾人签订合理、合法的试驾合同,详尽约定双方义务、且不对任何一方附加不合理责任,并在试驾前对于有关责任条款向试驾人作具体、全面的提示说明。五是积极投保入险。为用于试驾的专门车辆投保交强险和商业保险,这样一旦发生事故造成损失也可以通过保险理赔的方式得到有效赔偿。

无论是否有意购买车辆,作为试驾人,首先,在心理上应予充分重视,要实际评估自己的驾驶技能、切实考虑驾驶未曾接触过的新车能否应对试驾过程中可能发生的事故风险,再决定是否选择试驾,勿自大、忌骄傲。其次,试驾前,应当尽可能地熟悉试驾车辆的特有构造,充分了解试驾车辆的操作性能和注意事项,做好驾驶新车的充分准备。第三,尽量选择自己熟悉的路段进行试驾,试驾中,听从车行跟车人员的提示,严格遵守关于驾驶的交通法规,忌高速行驶、忌顾盼炫耀。第四,认真阅读和全面了解试驾协议的主要内容,对条款内容有疑问或者认为不合理的,要求汽车销售公司或试驾组织方充分释明及适当修改。最后,建议试驾保险齐全的车辆。

26.装修工在工作时意外触电死亡谁来赔偿?

案例:

2010 年 5 月 10 日被告王某和被告赵某位于某某市红岭路的一栋

一层楼的房屋要装修，被告王某找到长洲镇某村的一位长年从事装修的朋友刘某。刘某叫来另外三名工友(包括受害人张某在内)一起施工。被告王某当时跟工人们说好工钱为每人每日150元。做至5月16日，受害人张某按屋主之一被告王某的指示把楼梯间的一个不锈钢防盗网拆下来，当时窗口上方爬满了藤，隐约还有三根电线从窗口上方经过，在拆除不锈钢防盗网过程中忽然意外触电，抢救无效死亡。经协商赔偿事宜未果，遂诉至法院。被告王某、赵某辩称，装修的房屋为赵某所有，王某只不过是赵某装修房屋的委托代理人。并且王某只叫了刘某一人来做工，并没有叫过另外三人来做工，受害人是刘某叫过来做工的，与被告无关，被告没有赔偿义务，要求法院追加刘某为共同被告。被告陈某夫妇私拉电线行为违反《电力供应与使用条例》第30第1款第6项等规定，对受害人触电死亡有明显过错，应由被告陈某夫妇赔偿原告的损失。

被告陈某夫妇辩称，本案造成受害人死亡的直接原因是其在拆除不锈钢防盗网时操作不慎，不锈钢防盗网刮裂被告拉的电线绝缘体所致。受害人应当预见到一个人拆除防盗网可能刮裂、刮断电线，仍实施该行为，放任可能出现的险情发生，受害人对事故发生应负相应责任。被告陈某夫妇拉电线的方式虽然不规范，但对于事故造成受害人死亡的后果，被告没有过错，不需要向原告承担赔偿责任。

法院经审理判决因受害人对于意外触电死亡本身有一定过错，故减轻被告20%的赔偿责任。屋主赵某对原告因亲属死亡而造成的损失应承担40%的赔偿责任；陈某夫妇对原告因亲属死亡而造成的损失应承担 40% 的赔偿责任。合计赔偿金额约 45 万元,其中包括精神损害抚慰金 40000 元。问:装修工在做工时意外触电死亡谁来赔偿?

专家解析:

被告王某应当知道仅靠刘某一人是无法进行装修施工的,按市区的装修工工价普遍是 150 元／日,这四个装修工仅提供劳务,材料是被告王某提供好的。被告王某应当知道每日有多少个装修工人来做工,否则他怎么支付工钱给工人?所以这四个工人来帮他装修房子,是得到他认可的。刘某和王某之间没有承包的事实关系,也没有签订承包合同,刘某和另外三个工人(包括受害人张某)同工同酬,并不从中牟利,因此,这四个工人和屋主王、赵之间的雇佣法律关系是清晰的,可以确认受害人与屋主之间的雇佣法律关系。根据最高人民法院《人身损害赔偿解释》第 11 条的规定:雇员在从事雇佣活动中遭受人身损害,雇主应当承担赔偿责任。被告赵某主张房屋是他一个人的,王和他是装修的代理关系,但他没有提供充足的证据证明他的主张。《触电身亡事故善后处理协议书》中赵的签名和盖指印也是王代为实施的行为。被告王某和赵某之间代理关系以及赔偿义务主体的约定只是他们之间的内部约定,不能对抗受害者和他们之间雇佣法律关系的赔偿义务规定。

造成受害者触电死亡的电线是陈某夫妇违法私拉乱搭的没有采取安全措施的电线,在明知出事房屋装修多日的情况下却没有及时移走和告之注意防止触电。陈某夫妇应当预料施工人员在施工过程中,有可能会接触其拉的电线,导致意外事故的发生,却由于疏忽大意而没有采取措施。陈某夫妇私拉电线行为已违反《电力供应与使用条例》第 30 条第1款第6项等规定,对受害者触电死亡均有明显过错。

《中华人民共和国侵权责任法》第35条规定:个人之间形成劳务关系,提供劳务一方因劳务造成他人损害的,由接受劳务一方承担侵权责任。提供劳务一方因劳务自己受到损害的,根据双方各自的过错承担相应的责任。

专家支招:

日常生活中，随着人们生活水平的日益提高，社会分工的逐渐细化,形成了各种各样的雇佣关系。当雇工在雇佣活动中自己受到损害,根据法律规定,要根据雇工和雇主各自的过错程度来确定责任的分担。通常情况下,雇工可以和雇主可先通过协商的方式来解决问题,如果不能就赔偿数额达成一致意见,雇工要保留好相关的证据,以诉讼的方式来解决纠纷。

27.劳动者致用人单位受损如何承担赔偿责任?

案例:

被告张某于2009年10月1日进入原告某公司从事司机工作,尽管双方未签订有劳动合同,但已形成事实上的劳动合同关系。2010年3月12日，被告张某驾驶原告某公司的桂K-A1299大型普通客车沿南梧调整公路兴业联线由玉林市往南宁市方向行使，至南梧调整公路兴业联线 0KM+300M 处，遇黄某驾驶无号牌二轮摩托车由道路左侧的路口驶出，左转弯横过公路，两车在玉林市往南宁市方向的机动车道上发生侧面碰撞，造成黄某当场死亡及两车损坏的交通事故。2010 年 3 月 22 日，兴业县公安局交通管理大队做出《道路交通事故车辆技术检验报告》，结论为：桂 K-A1299 号大型普通客车在发生事故前，转向性能良好，整车制动不合格。同年 4 月 8 日，兴业县交通管理大队做出《道路交通事故认定书》，以张某驾驶不合格的机动车上道行驶，且未确保安全通过路口为由，认定张某承担此次事故的同等责任。2010 年 7 月 12 日，玉林市兴业县人民法院作出判决令天安保险股份公司玉林中心支公司在机动车第三者责任强制保险责任限额范围内赔偿黄某亲属苏某等人 75371 元。

桂 K-A1299 大型普通客车发生事故后，于 2010 年 4 月 2 日至 24 日在广西新发集团东城运输有限公司汽修厂进行修理，共花费 5200 元。天安保险股份有限公司于 2010 年 8 月 15 日向原告某公司支付了 1600 元车辆修理理赔款。原告某公司为处理此次交通事故，支出门检费 100 元、施救费 800 元、停车费 660 元、检车刮号费 20 元、车辆通行费 40 元、加油费 100 元，合计 1720 元。因双方发生纠纷，原告某公司诉至本院，请求法院依法判令被告张某赔偿交通事故经济损失 33793.28 元。问：劳动者致用人单位受损如何承担赔偿责任？

专家解析：

对于被告张某是否应当对原告某公司的车辆损失承担赔偿责任，

不能一概而论,应当结合以下情况具体分析。

第一,双方在劳动合同中是否有约定。当事人有约定且没有违反法律规定的应当优先适用当事人的约定,以尊重当事人的意愿。我国《工资支付暂行规定》第16条规定:因劳动者本人原因给用人单位造成经济损失的,用人单位可按照劳动合同的约定要求其赔偿经济损失。即如果劳动合同约定因劳动者本人原因给用人单位造成经济损失的,用人单位可根据劳动合同的约定要求被告张某赔偿经济损失,但是本案原、被双方并没有签订有书面劳动合同,仅存在于一个事实上的劳动合同关系,双方对发生交通事故情形下被告张某应当承担赔偿责任,以及应当承担多少比例的赔偿责任没有书面约定。故被告张某不应当承担其驾驶车辆受损的赔偿责任。

第二,双方的约定是否超过法律保护的范围。相对于用人单位而言,劳动者处于弱势地位,国家从保护劳动者合法权益出发,用人单位在从劳动者工资中扣除经济损失时,必须保障劳动者的基本生活需要。我国《工资支付暂行规定》第16条规定:经济损失的赔偿,可从劳动者本人的工资中扣除。但每月扣除的部分不得超过劳动者当月工资的20%。若扣除后的剩余工资部分低于当地月最低工资标准,则按最低工资标准支付。即双方在劳动合同中约定劳动者对经济损失应当承担责任时,如果从劳动者本人的工资中扣除,不得全额扣除劳动者的工资收入,以便保障劳动者的基本生活需要。

第三,劳动者对经济损失是否存在故意或者重大过失行为。我国《侵权责任法》第6条规定:行为人因过错侵害他人民事权益的,应当承担侵权责任。为了避免劳动者故意或重大过失致使用人单位财产受到损失,保护用人单位的财产权益,如果劳动者存在故意或者重大过失行为致使用人单位的财产受到损失，劳动者仍应当承担与其过错程度相应的赔偿责任，以敦促劳动者认真履行职责，严格遵守有关劳动规章制度。经鉴定，被告张某驾驶的车辆为"整车制动不合格"，原告某公司亦无其他证据证明被告张某在事故中有故意或重大过失行为，因此，某公司请求法院判令张某赔偿其在本案事故中的经济损失 33793.28 元没有法律依据，对其诉讼请求应予驳回。

专家支招：

对于劳动者致使用人单位财产受到损失的应当结合劳动合同及劳动者的过错程度进行认定，以便保护劳动者和用人单位双方合法权益。对于劳动者来说，应当按规定完成劳动任务，提高职业技能，执行劳动安全卫生规程，遵守劳动纪律和职业道德。如劳动者违反工作纪律、违反操作规程操作，当然要承担对单位造成损失相应的赔偿责任，如造成较大财物及人员损失，要承担刑事责任。如焊工在明知不能对密闭容器直接进行焊接（如车辆油箱），而直接焊接造成爆炸，对因违规操作造成的损失当然要赔偿，如有人员伤亡就是刑事责任了。

28.鞭炮礼花产品缺陷引起的产品责任纠纷如何解决？

❀　　❀　　❀

案例：

2011 年 2 月 13 日，原告石某去岳父母家过年。中午吃饭前，原告之岳父将从严某某处购买的笛音雷燃放，燃放完之后原告之岳母将其放置在屋外。之后，原告两岁的女儿将燃放完毕的笛音雷弄到烤火的房间内，放置在火炉旁边。下午3时左右，原告之岳母看见房间的爆竹燃了，原告立即跑往房间，抢救当时正在房间的女儿，随后笛音雷发生爆炸，原告眼睛受伤。原告受伤之后，立即被送往医院检查治疗。2011年2月13日到2011年3月22日，原告住院37天，诊断为左眼爆炸伤，左眼角巩膜裂伤，花费医药费10441.76元，诊断证明全休两周。2011年5月20日，经司法鉴定所鉴定，原告的伤残等级为七级，后期治疗费约需8000元。原告为鉴定支出挂号费9.5元、鉴定费1200元，两项共计1209.5元。原告于2011年8月5日向法院提起诉讼，要求被告某鞭炮礼花厂与严某某承担连带赔偿责任。2011年8月9日，原告自愿撤回了对被告严某某的起诉。2011年9月8日，在庭审过程中，被告某鞭炮礼花厂申请对产品质量进行鉴定。人民法院依照法定程序将已经燃放过的烟花送往安全质量检测中心进行质量鉴定，该中心在经过认真核查后，经过专家讨论，表示对送检的烟花质量无法作出鉴定。法院经过审理做出判决由原告承担30%的责任，被告承担70%的赔偿责任。问：鞭炮礼花产品缺陷引起的产品责任纠纷如何解决？

专家解析：

本案属于产品责任纠纷，而非产品质量纠纷。产品责任纠纷是指因产品存在缺陷致人身、财产受损而引发的纠纷，属于侵权之诉；产品质量纠纷则是指因产品不符合标准而引发的纠纷，属于合同之诉。产品缺陷的认定是处理产品责任纠纷的核心问题。

（1）何谓"产品缺陷"

《产品质量法》第46条规定，本法所称的缺陷，是指产品存在危及人身、他人财产安全的不合理危险，产品有保障人体健康、人身财产安全的国家标准、行业标准的，是指不符合该标准。《产品质量法》是目前我国对产品缺陷认定普遍适用的法律。

根据《产品质量法》，产品存在缺陷可以从两个方面进行认定，一是产品存在一种不合理危险，二是产品不符合法定安全标准。对于产品符合法定安全标准，但是存在不合理危险的，仍然可认定产品存在缺陷。理由如下：①从立法目的上来看，《产品质量法》中对产品质量进行规制，主要目的在于确保生产的产品能够保障消费者的人身和财产安全。在现实生活中，产品符合国家安全标准、行业标准，却仍然造成消费者人身损害或财产损害的情况时有发生，在此种情况下，如果以产品符合国家安全标准、行业标准为由，就此认定产品生产者无责任，对消费者显失公平，不利于保护消费者的利益。②从现行实践上来看，对于产品是否符合国家安全标准、行业标准，相关机构一般采取的是抽样检查、年检的方式，然后对于检查合格的产品发放产品合格证书或者其他证明。抽样检查只是从概括性上面，检验产品的合格性，并不能代表生产者生产的每一件产品都是符合标准的，如果某件"残次"产品因此对消费者造成了人身和财产上的损害，不能以概括性的抽样样品的合格性否认某件"残次"产品对消费者造成的伤害。综上所述，产品符合法定安全生产标准并不等同于产品不存在合理危险，在产品符合法定安全标准，但是存在不合理危险的情况下，仍然可以认定产品缺陷的存在。本案中被告出具了产品质量监督检验所的四份检验报告，以此证明自己生产的产品在质量上不存在问题。产品合格检验报告只能证明产品符合国家有关法律法规、质量标准，并不能证明产品不存在缺陷。

(2)产品缺陷的证明责任

产品责任纠纷是指因产品存在缺陷致人身、财产受损而引发的纠纷，属于侵权之诉。就侵权之诉而言，原告一般应当就侵权行为、侵害结果、侵权行为与侵害结果之间的因果关系、侵权人主观上的故意或过失承担举证责任。由于产品责任纠纷采取的是无过错责任归责原则，因此原告无须就侵权人主观上的故意或过失承担举证责任。原告应该就产品存在缺陷、受损事实、产品存在缺陷与造成受损事实之间存在因果关系进行举证。

原告应该就产品的缺陷承担举证责任，其举证责任只要达到一般人可推定产品缺陷的标准即可。作为产品的使用者，原告并不具备专业的知识，无法从专业技术水平上去证明，某件产品存在缺陷。原告作为一般消费者的个人，只能根据自己生活常识、一般经验，就产品存在缺陷承担一般的举证义务。本案中，原告认为笛音雷经过第一次燃放后，不应该二次燃放，就笛音雷第二次燃放提供证据，即是从一般消费者的角度去尽到了举证义务。其证据达到了一般证明力的标准。

原告就产品缺陷承担举证责任，并不影响被告就产品不存在缺陷承担举证责任，也不影响法官在本案中根据已知事实推定产品缺陷的存在。本案中，被告就产品不存在缺陷提出了自己的主张。此案还存在一个关键性问题，质量检测中心对送检的烟花爆竹经过认真核查后，表示对送检的烟花质量无法作出鉴定。没有相关产品鉴定机构对"肇事产品"的鉴定结论,如何断定产品是否存在缺陷? 在此种情况下,就要依赖于法官依据法律规定,通过内心的良知、理性等对证据的取舍和证明力进行判断,按照内心确信原则做出最终的断定。本案中,原告就产品存在缺陷(购买的笛音雷二次燃放)、受损事实(原告左眼受伤)、产品存在缺陷与造成受损事实之间存在因果关系进行了举证。按照常理推断,笛音雷若无产品质量问题, 应该在燃放后就完全燃尽, 不可能第二次引炸;根据原告的诊断报告,原告所受伤为左眼爆炸伤,与笛音雷爆炸可能对人体造成的伤害一致; 假设笛音雷不是因为存在产品质量问题而第二次引爆,也可以解释为爆炸的笛音雷存在着不合理的危险,以至于超过了消费者对产品预期的安全标准。因为在正常情况下,燃放完毕的笛音雷是不存在人身危险的。综上所述,法官根据证据之间的关系、生活经验、推理假设,对笛音雷存在产品缺陷进行了肯定,据此支持了原告的主张。

另外,本案中,原告的女儿将燃放完的笛音雷放置于火炉旁,导致笛音雷二次燃爆。作为女儿的法定监护人,原告没有尽到应尽的监护责任,具有非常明显的过错,应承担相应的责任。

专家支招:

过年过节,燃放烟花爆竹增添节日气氛是我们的一项传统习俗,而因此所造成的人身、财产损害也很多。消费者在购买烟花爆竹时应到正规摊点进行购买,并且索要发票,以防纠纷时无据可查。在燃放烟花爆竹时也应按照燃放说明小心燃放,如果发生意外,一定要保存好"肇事"

的烟花爆竹残骸等相关证据,以备诉讼之需。

29.乘客长途客车突发急病,承运人未尽救助义务该担何责?

案例:

2009 年 9 月 17 日,原告徐某某之妻张某某由亲友曹某某送上被告某公司大客车自粤返川。该车全程连续行驶时间为 41 小时。曹某某告知该车驾驶员和乘务员,张某某是一人乘车,希望途中给予照顾。车行至贵州省大方县地界时,张某某出现身体不适现象:坐立不稳,小便失禁,频繁要求解小便,多次呻吟并喊叫"受不了"。该车司乘人员认为张某某属于普通乘车不适反应,除多次停车让张某某小便外,没作其他询问和处置。张某某最后一次小便后不能自主上下车和返回座位,该车司乘人员仍未行疾病询问和寻求医疗救治,继续前行直奔客运目的地。到达目的地泸州时,该车司乘人员见张某某独自一人不下车,且呼之不应,遂向公安 110 和急救中心 120 呼救。入院检查记录:"患者神志不清,不省人事 2+ 小时……呼之不应,无抽搐,口吐白沫,大小便失禁……血压为 0"。后张某某经抢救无效死亡。法院经审理认为,旅客张某某自购票乘坐被告某公司的客运大客车,便与被告建立了公路客运合同关系。运输过程中,承运人对旅客的人身安全负有保护注意义务,对身患急病的旅客负有尽力救助义务。承运人对患有急病的旅客不履行、错误履行、不尽力履行救助义务,导致旅客伤亡的,应当承担相应的损害赔偿责任。张某某死亡结果的发生,自身患有急病是主要原因,被告没有履行尽力救助义务是次要原因。张某某死亡给原告造成的财产和精神损害,应当包括医疗费、丧葬费、死亡补偿费、交通费和误工费等,应当按照张某某的死因由原告和被告分担。问:乘客长途客车突发急病,承运人未尽救助义务该担何责?

专家解析:

《合同法》第 301 条规定:"承运人在运输过程中,应当尽力救助患有急病、分娩、遇险的旅客。"这是旅客运输合同的承运人承担"救助"义务——拯救、救护、帮助、援助义务的法律依据。该义务既是旅客运输合同附随义务,也是法定义务。

承运人履行救助义务包括的期间和对象:客运救助期间是在运输过程中,在此期间以前或之后,承运人都无需承担救助义务。运输过程,是指自旅客经检票进站至到达行程终点时止,也指货物或旅客被移动的过程。客运救助对象,是指患有急病、分娩、遇险的旅客。旅客急病、分娩、遇险虽然不是由承运人的原因造成的,但是作为承运人,如果有能力对旅客急病、分娩、遇险等情况采取救助,而对旅客的安危不闻不问、不予救护帮助,既有悖于善良道德风俗,也与合同的基本原则和客运合同目的——诚实信用原则和安全客运目的相违背。承运人在运输过程中对患有急病、分娩、遇险的旅客尽力救助,既是承运人应承担的道德义务、合同义务,也是法律规定的法定义务,承运人对患有急病的旅客履行尽力救助义务,应当知晓救助常识(普通急病救助常识),预备救助方案(救助措施、工具、物品、药品、呼救通讯等),注重救助效果,及时、尽力、有效寻求就近医疗机构急救。如果未尽此义务导致旅客人身损害,应当承担人身损害赔偿责任。

本案中,张某某自出现身体不适到不省人事,期间长达十多小时,其急病特征明显,为具有正常智力的成年人依据日常生活经验可判断,负有尽力救助患急病旅客义务的承运人依据救助常识更应当判断、知晓,应当观察、询问患急病的旅客张某某,积极寻求医疗救治。被告对张某某没有履行谨慎注意和尽力救助义务:既没有根据客运救助常识对患急病的旅客张某某进行疾病询问,也没有积极寻求医疗救治,而是想当然地认为张某某属于普通乘车不适反应,不是身患急病、急需救治,连续行驶直奔客运目的地,导致患急病的旅客张某某延误救治而死亡。被告不履行救助义务与张某某延误救治而死亡有一定的因果关系,应当承担相应的法律责任。

客运合同承运人不救助患急病旅客,实质是以不作为的方式对旅客人身权益的侵害。《合同法》第122条规定:"因当事人一方的违约行为,侵害对方人身、财产权益的,受损害方有权选择依照本法要求其承担违约责任或者依照其他法律要求其承担侵权责任。"因此,客运合同的承运人不救助患急病的旅客,导致患急病的旅客延误救治而伤亡的,其责任形态有两种:违约责任和侵权责任。这两种责任相互作用,共同导致损害结果发生,即承运人违约责任和侵权责任竞合作用是旅客人身伤亡的原因。这种责任竞合,体现了违法行为的复杂性和多重性,反映了合同法和侵权法相互独立又相互渗透的状况,表现为新的责任形态——违约性的侵权责任和侵权性的违约责任。

专家支招：

本案当中的原告的亲属在长途车上突发急病的症状是很明显的，对于一般人都能够注意到的病情，司机和乘务人员却认为仅仅是一般的乘车不适症状，他们在主观上存在着重大的过失。或者说他们太缺乏一点职业道德心了，哪怕有对乘客稍多一点的关心，就不至于发现不了异常。对于病患来说，时间就是生命，延误了救治时间无异于取人性命。因此，被告作为司机和乘务人员所属的公司承担责任是理所应当的，公司可在向原告做出赔偿之后向有责任的司机和乘务人员进行追偿。

30.公交车司机忘关车门，乘客被甩车外谁担责？

案例：

刚满 30 岁的小张，像许多怀揣梦想的北漂族一样，每天上班、下班，忙碌而又充实。但他万万没料到，这样习以为常的生活却在 2011 年 7 月的一天发生了颠覆性的变化——一场车祸改写了他此后的人生轨迹。这一天，小张照例起早去赶公交车到市区上班。市区高昂的房租，让他望而却步，从而选择在房租较为便宜的昌平居住。早高峰挤公交车的上班族很多，小张等了好久，好不容易挤上一辆早已满员的公交车。他刚站上车，司机师傅便开动了车辆，因没关后车门，惯性将小张甩出了车外。随后小张被紧急送往医院治疗,被诊断为左侧额颞部脑内血肿合并脑疝、右侧硬膜下血肿、运动性失语等多达22处损伤。经司法鉴定,小张构成八级伤残,累计伤残赔偿指数为40%。小张起诉该客运公司和交强险承保公司,要求两被告赔偿医疗费、残疾赔偿金等各项损失百余万元。客运公司认为,小张站在了车辆的禁止站立区,因此对事故的发生也应承担一定责任。保险公司认为,小张属于车上人员,不属于交强险的赔偿范围。

法院经审理认为:根据道路交通事故认定书,公交司机履行职务行为驾驶机动车辆时,因未关好车辆后门,致使乘车人小张被摔出车外造成伤残,因此客运公司应对小张的损失承担全部赔偿责任。而小张属于车上人员,不属于交强险的赔偿范围,对于小张要求保险公司承担赔偿责任的诉讼请求,法院不予支持。最终,法院判决客运公司赔偿小张各项经济损失95万余元。问:司机忘关车门公交乘客被甩车外谁担责?

专家解析:

这是一个违约责任和侵权责任相竞合的案例。小张买票乘坐公交车,上了车之后,小张就与公交公司之间形成了一个承运合同关系。根据《合同法》第290条规定:"承运人应当在约定期间或者合理期间内将旅客、货物安全运输到约定地点。"据此看来,承运人即公交公司一方负有保障乘客人身、财产安全的义务。《合同法》第302条规定:"承运人应当对运输过程中旅客的伤亡承担损害赔偿责任,但伤亡是旅客自身健康原因造成的或者承运人证明伤亡是旅客故意、重大过失造成的除外。"本案当中,小张的人身伤害是由公交车司机开车时没有关好车门这个重大过失所造成的,小张本人没有健康问题,也不存在故意或者重大过失。由于公交公司一方没有履行自己应尽的义务，所以小张可以向其主张违约责任。而另一方面，公交车司机又因为主观上存在着重大过失，侵犯了小张的健康权。所以小张可以向其主张侵权责任。因为公交车司机是公交公司的员工，所以公交公司成为本案的被告，对小张承担损害赔偿责任。当然，公交公司在做出赔偿之后，可以向有过错的公交司机进行追偿。

因为交强险的范围不包括本车和本车上的人，小张是公交车的乘客，属于本车上的人。因此，不在交强险的承保范围内，故小张不能向保险公司主张损害赔偿。

专家支招：

公交车是市民出行的重要外出工具，但是随着城市人口的不断增多，公交车的拥挤程度也是越来越严重，尤其是在上下班高峰，更是叫人忍无可忍，超载已是司空见惯的事情了。因为拥挤严重，乘坐公交车发生的纠纷也很多，一旦乘客的人身、财产受到侵害的时候，一定注意保留好相关证据，以便日后维护好自己的合法权益。

31.房顶落物致人伤害责任谁来担？

案例：

64岁的辛某是河北省南和县某村村民，按说将近古稀之年的一位老汉，应该在家"安享天年"了，但他没有，为了能保持自己和老伴儿有一个强壮的身体，他经常和妻子一起外出，走乡串户收买旧品，老两口儿也许是把这作为锻炼身体的一种形式吧。2011年3月5日，他骑着小电三轮车带着老伴儿来到与南和县相邻的鸡泽县鸡泽镇某村买旧品。大约下午一点左右，该村村民王某在他家的过道口对他喊话，说家里有旧品要卖。当老汉走到王某的房跟前时，王某的房上突然掉下几块带水泥的瓷砖，不偏不倚正好砸在老汉的头上，老汉立即被送往医院进行抢救和治疗，花去各种费用三万有余。按照常理，房主应该主动到医院看望老汉，出于人道也应给被砸伤的老汉支付部分医疗费用，但房主认为不是他本人将老汉砸伤的，不但不为老汉支付一些费用，老汉住院之后也从没有去看望过，无辜被砸不仅增加了老汉的经济负担影响了收入，而且还深深地伤害老汉的心灵。无奈之中，辛老汉只得依靠法律来为自己说话了。2011年4月9日，老汉辛某一纸诉状将房主王某推向了被告席，要求法院追究王某相关的民事赔偿责任。在法院的调解下，双方达成和解协议，被告王某赔偿原告辛老汉6000元。问：房顶落物致人伤责任谁来担？

专家解析：

本案是一个关于建筑物等及其悬挂物搁置物损害责任的特殊的侵权案件，这是侵权责任法中的重要制度。根据《侵权责任法》第85条规定："建筑物、构筑物或者其他设施及其搁置物、悬挂物发生脱落、坠落造成他人损害。所有人、管理人或者使用人不能证明自己没有过错的，应当承担侵权责任。所有人、管理人或者使用人赔偿后，有其他责任人的,有权向其他责任人追偿。"最高人民法院《关于审理人身损害赔偿案件适用法律若干问题的解释》第16条规定:"道路、桥梁、隧道等人工建造的构筑物因维护、管理瑕疵致人损害的,适用民法通则第126条的规定,由所有人或者管理人承担赔偿责任,但能够证明自己没有过错的除外。"最高人民法院《关于民事诉讼证据的若干规定》第4条规定:"建筑物或者其他设施以及建筑物上的搁置物、悬挂物发生倒塌、脱落、坠落致人损害的侵权诉讼,由所有人或者管理人就其主观上无过错承担举证责任。"在《民法通则》、《侵权责任法》、司法解释和司法实践经验的基础上,可以对建筑物、构筑物或者其他设施及其搁置物、悬挂物脱落、坠落造成他人损害责任作以下归纳:

(1)对"建筑物、构筑物或者其他设施及其搁置物、悬挂物发生脱落、坠落造成他人损害,所有人、管理人或者使用人不能证明自己没有过错的,应当承担侵权责任"的解读:

①关于建筑物、构筑物或者其他设施及其搁置物、悬挂物

建筑物是指人工建造的、固定在土地上,其空间用于居住、生产或者存放物品的设施,例如住宅、写字楼、车间、仓库等。

构筑物或者其他设施是指人工建造的、固定在土地上、建筑物以外的某些设施,例如道路、桥梁、隧道、城墙、堤坝等。

建筑物、构筑物或者其他设施上的搁置物、悬挂物是指搁置、悬挂在建筑物、构筑物或者其他设施上,非建筑物、构筑物或者其他设施本身组成部分的物品。例如,搁置在阳台上的花盆、悬挂在房屋天花板上的吊扇、脚手架上悬挂的建筑工具等。

建筑物、构筑物或者其他设施及其搁置物、悬挂物脱落、坠落,是指

建筑物、构筑物或者其他设施的某一个组成部分以及搁置物、悬挂物从建筑物、构筑物或者其他设施上脱落、坠落。例如,房屋墙壁上的瓷砖脱落、房屋天花板坠落、吊灯坠落、屋顶瓦片滑落、房屋窗户玻璃被风刮碎坠落、阳台上放置的花盆坠落等。

②所有人、管理人或者使用人不能证明自己没有过错的,应当承担侵权责任

建筑物、构筑物或者其他设施的所有人、管理人或者使用人应当对建筑物、构筑物或者其他设施及其搁置物、悬挂物进行合理的管理、维护,避免给他人造成损害。例如,要保证建筑物等设施及其搁置物、悬挂物的稳固;应当进行必要的检查,发现可能造成他人损害的,要及时采取相应的安全措施等。建筑物、构筑物或者其他设施及其搁置物、悬挂物脱落、坠落造成他人损害,本条规定了三个侵权责任主体:

第一,所有人。所有人是指对建筑物等设施拥有所有权的人。建筑物、构筑物或者其他设施多为不动产。一般来讲,不动产的所有人是指不动产登记机构依法登记确定的人。我国《物权法》第9条规定:"不动产物权的设立、变更、转让和消灭,经依法登记,发生效力;未经登记,不发生效力,但法律另有规定的除外。"第16条规定:"不动产登记簿是物权归属和内容的根据。有时,虽然没有登记,但是也可以依法确定不动产的所有人。"例如,我国《物权法》第30条规定:"因合法建造、拆除房屋等事实行为设立或者消灭物权的,自事实行为成就时发生效力。"因此,在农村宅基地上自建的房屋和城市中一些依法新建的房屋,虽然没有来得及登记,仍然可以依法确定具体的所有人。

建筑物、构筑物等设施的所有人依法享有所有权,同时也承担维

护、管理的义务,建筑物、构筑物或者其他设施及其搁置物,悬挂物脱落、坠落造成他人损害的,所有人应当依法承担侵权责任。

第二,管理人。管理人是指对建筑物等设施及其搁置物、悬挂物负有管理、维护义务的人。我国国有资产一般由特定的机关或者单位进行管理。例如,《物权法》第54条规定:国家举办的事业单位对其直接支配的不动产和动产,享有占有、使用以及依照法律和国务院的有关规定收益、处分的权利。《教育法》第28条规定:学校及其他教育机构管理、使用本单位的设施和经费。因此,一般来讲,公立学校里国家所有的建筑物、构筑物等由学校管理,学校是其管理人。

第三,使用人。一般来讲,使用人是指因租赁、借用或者其他情形使用建筑物等设施的人。使用人承担责任有两种情形:一是,使用人依法对其使用的建筑物、构筑物或者其他设施负有管理、维护的义务时,因其管理、维护不当造成他人损害。例如,《合同法》第220条规定:出租人应当履行租赁物的维修义务,但当事人另有约定的除外。当根据合同约定,房屋承租人对房屋有管理、维护义务时,房屋及其搁置物、悬挂物脱落、坠落造成他人损害,承租人不能证明自己没有过错的,要承担侵权责任。二是,使用人对建筑物、构筑物或者其他设施的搁置物、悬挂物管理、维护不当,造成他人损害。例如,承租人在阳台上放置的花盆或者晾晒的物品坠落造成他人损害,承租人不能证明自己没有过错的,要承担侵权责任。

③归责原则

本条采用过错推定原则。损害发生后,被侵权人证明自己的损害是因建筑物等设施或者其搁置物、悬挂物脱落、坠落造成的,所有人、管理人或者使用人对自己没有过错承担举证责任，其不能证明自己没有过错的，应当承担侵权责任。

所有人、管理人或者使用人控制着建筑物等设施及其搁置物、悬挂物，一般情况下，这些设施或者物体的脱落、坠落与所有人、管理人或者使用人在管理、维护时存在过错有很大关系。另外，被侵权人通常并不了解建筑物等设施及其搁置物、悬挂物的管理、维护情况，很难获得足够的证据。因此，让被侵权人来证明所有人、管理人或者使用人的过错，对被侵权人来说不公平。采用过错推定原则，既符合社会生活的实际情况，也有利于保护被侵权人的合法权益。多年的司法实践也证明，对建筑物等设施及其搁置物、悬挂物脱落、坠落致人损害责任采用过错推定原则，是科学合理的。

（2）对"所有人、管理人或者使用人赔偿后，有其他责任人的，有权向其他责任人追偿"的解读：

其他责任人是指所有人、管理人或者使用人之外的，对损害的发生负有责任的人。建筑物、构筑物或者其他设施及其搁置物、悬挂物脱落、坠落造成他人损害，所有人、管理人或者使用人不能证明自己没有过错的，应当对被侵权人承担侵权责任。实践中，有时损害的发生除了与所有人、管理人或者使用人的过错有关外，还与其他人有关，只是该其他人不直接对被侵权人承担侵权责任。但是，所有人、管理人或者使用人向被侵权人赔偿后，有权向该其他责任人追偿。例如，房屋所有人与承揽人签订承揽合同，由承揽人为房屋安装防盗网。由于承揽人的过错，防盗网没有安装牢固，后来坠落将他人砸伤。房屋所有人不能证明自己没有过错的，应当对被侵权人承担侵权责任。另外，由于防盗网的坠落与承揽人的过错有关,根据合同法的规定,承揽人应当向房屋所有人承担责任。因此,房屋所有人对被侵权人赔偿后,有权向承揽人追偿。

本案当中的被告王某作为房屋的所有人没有尽到对房屋的管理和维护义务,导致瓷砖脱落砸伤了辛老汉,因此王某构成了一种不作为的侵权,应该对辛老汉承担损害赔偿责任。

专家支招:

作为建筑物、构筑物的所有人、管理人和使用人一定要定期的对建筑物和构筑物进行管理和维护,及时发现和排除安全隐患,以避免像案例当中的事情的发生。同时,作为受害人在受到伤害时,要能够证明自己受到了伤害,以及伤害是如何造成的。除此以外,受害人不需要证明建筑物、构筑物的所有人、管理人和使用人主观上是否存在过错,因为此类侵权案件适用的是过错推定原则。构筑物的所有人、管理人和使用人要自己证明无过错,证明不了就要承担责任。

32.无盖井伤人,损失谁来赔?

案例:

2007 年 6 月 30 日上午,原告李某驾驶两轮摩托车沿山东省日照市内公路由南向北行驶。当行至一交叉路口时前方突然出现一无盖井口,原告躲闪不及,掉入井内。原告受伤后入院治疗,后经法医鉴定椎体骨折构成十级伤残。原告住院期间的医疗费、护理费、误工费等损失共计2万余元。原告遂将某工程公司和某通信公司告上法庭。法院经审理查明原告掉入的井内所安装的管线及设施系通信公司所有，审理过程中通信公司主张盖井口顶盖是工程公司掀掉的，但未能在举证期间内提供证据予以证明。此外，通讯公司还认为原告驾驶过程中未尽安全注意之责，自身也有一定的过错，应减轻被告的赔偿责任。问：无盖井伤人，损失谁来赔？

专家解析：

本案是一起典型的地下工作物致人损害的特殊侵权损害赔偿案件，在审理中主要涉及到归责原则、构成要件、责任主体以及受害人的过失能否成为减轻责任的事由等法律问题，以下就上述几个方面做以解释：

（1）归责原则

归责原则直接关系到举证责任的分配，根据相关法律规定，本案应适用过错推定原则。理由如下：1.《侵权责任法》第91条规定："在公共场所或者道路上挖坑、修缮安装地下设施等，没有设置明显标志和采取安全措施造成他人损害的，施工人应当承担侵权责任。窨井等地下设施造成他人损害，管理人不能证明尽到管理职责的，应当承担侵权责任。"依该条之规定，责任人需具备没有设置明显标志和采取安全措施的过错因素。反言之，责任人如果能够证明自己设置了明显标志和采取了安全措施，就证明了自己主观上无过错，即可免责，这符合过错推定原则的要求。2.依最高人民法院《关于审理人身损害赔偿案件适用法律若干问题的解释》第16条之规定:人工建造的构造物因维护、管理瑕疵致人损害的,由所有人或者管理人承担赔偿责任,但能够证明自己没有过错的除外。也确认了地下工作物致人损害应适用过错推定原则。

（2）构成要件

根据《侵权责任法》91条之规定:地下工作物致人损害的构成要件有:地下工作物位于公共场所、道旁或者通道上;未设置明显标志和采取安全措施;受害人受有损害;受害人所受损害与地下工作物的所有人或管理人的不作为行为之间存在因果关系。对于本案,李某受伤发生在市内公路上,对于无盖井口,作为其所有人的被告—通讯公司未设置明显标志和采取安全措施,正是由于通讯公司的不作为导致李某坠井受伤,故本案完全符合地下工作物致人损害责任的构成要件。

（3）责任主体

依《侵权责任法》的规定,地下工作物致人损害的责任主体是"施工人",但"施工人"已难以概括已完成的地下工作物致人损害的赔偿义务主体,地下工作物的占有人,包括地下工作物的所有人、管理人、施工人、使用人等都可成为责任主体。实际上,最高人民法院《关于审理人身损害赔偿案件适用法律若干问题的解释》第16条已对"施工人"作了扩大解释,地下工作物致人损害的责任主体是地下工作物的所有人或管理人。对于本案,确定责任主体关键在于确定该无盖井口属谁所有或由谁管理。根据案情,该无盖井口井内所安装的管线及设施系通信公司所有,这说明该井口属通信公司所有,通信公司对该井口负有安全管理之义务。至于通讯公司主张井盖是工程公司掀掉的,因其无证据证明而不予确认。由于通讯公司对该井口的管理存在瑕疵（即对该无盖井口没有设置明显标志和采取安全措施），致使李某坠井受伤，故通讯公司是本案的责任主体。

（4）受害人的过失能否成为减轻责任的条件

本案中通讯公司认为原告驾驶过程中未尽安全注意之责，自身也有一定的过错，故应减轻自己的赔偿责任。一般而言，在侵权损害赔偿案件中，受害人的故意或重大过失原则上都可成为加害人全部或部分免责的条件，但受害人的一般过失是否构成混合过错而实行过失相抵则取决于案件的具体情况和法律的具体规定，受害人的轻微过失不构成混合过错的条件，不影响加害人的赔偿责任。地下工作物致人损害发生在公共场所，在公共场所出入的人员具有广泛性、不特定性的特点，因此对地下工作物的管理如果存在安全瑕疵，就会对公众产生相当的危险性。故此法律对地下工作物的所有人或管理人课以较为严格的注意义务（过错推定可说明这一点），而对受害人的注意义务要求较低，其目的在于加重地下工作物所有人或管理人的安全管理责任，使公众的合法权益受到合理的保护。所以在地下工作物致人损害的这种特殊侵权案件中，受害人的一般过失或轻微过失不构成加害人减轻责任的条件。在本案中，受害人李某既不存在超速行驶、酒后驾车、无牌驾驶等违反交通规则的行为，又不存在故意，因而不构成混合过错，被告通讯公司应承担全部赔偿责任。

专家支招：

此类侵权案件发生的场合是公共场所和道路，侵害的是不特定人的人身和财产权益，所以对所有人和管理人要求了严格的注意义务。在责任认定时采取的是过错推定责任原则，所有人和管理人只有举出证据证明自己采取了合理的安全措施之后才能免除或者减轻责任。对于受害人来说需要证明损害事实的存在，以及损害结果是由行为人的作为或不作为所致，二者存在着一定的因果关系。如果受害人在其中只是存在轻微或者一般过失不会成为减免所有人或管理人责任的理由的。

33.挂靠的出租车发生交通事故，出租车公司是否承担责任？

案例：

　　韩某驾驶出租车沿珠江路由北向南行驶时，因疏忽大意而没有注意到正在由西向东横过马路的行人马某。韩某躲闪不及，出租车右侧后视镜将马某撞倒，引发马某受伤、车辆受损的交通事故。事发后，韩某将马某送往医院救治，在医院做了断骨复位等手术。治疗过程中，马某出现意识模糊、呼吸困难等症状，医院诊断为脑梗塞。马某出院后，因协商医疗赔偿等事宜未果，为此将韩某、韩某所在出租车公司、韩某所投保保险公司起诉到法院。庭审中，韩某认为马某在事发前就患有高血压和冠心病等病症，因此马某应自行承担这部分费用。另外，韩某认为自己的出租车车籍和营运证都属于出租车公司，自己仅是出租车公司的一名司机，因此不应承担上述赔偿责任。法院另查明，韩某的出租车挂靠在被告出租车公司，运营期间投保了交强险和三责险。同时，上述交通事故发生后，交警部门认定，韩某应承担事故 80% 的责任，马某承担 20% 的责任。法院审理后认为，保险公司应在责任限额内赔偿马某共计 5.8 万元的损失。同时，鉴于交警部门认定韩某承担 80% 的事故责任，马某承担 20% 的事故责任，因此韩某应按照责任比例承担马某剩余 5.3 余元损失中的 4.9 万余元。另外，韩某虽为实际车主，但被告出租公司确实向其收取了管理费，因此出租车公司应向马某承担连带清偿责任。

问：挂靠的出租车发生交通事故，出租车公司是否承担责任？

专家解析：

目前，我国大多数城市都不允许个人经营出租车，个人要想进入这个行业，必须通过以下三种渠道：第一种是出租车公司既持有车辆产权，又持有车辆营运权，个人只能承包车辆，其性质属于承包关系；第二种是出租公司持有营运权，个人和公司共同出资购置车辆，其性质属于融资租赁关系；第三种是公司持有营运权，车辆则由个人购买，其性质属于挂靠关系。

近年来，出租行业中最常见的案件，主要包括出租车私下转让、出租车肇事后的主体认定和责任认定、出租车保险合同的主体认定、出租司机工伤认定、出租车司机雇佣，等等。而这些案件，大多发生在挂靠经营模式下。

根据相关出租车管理规定，出租车必须挂靠在出租车公司名下。这样一来，出租车真正所有人与登记所有人就出现了不同。实践中，出租车一旦发生事故，如何划分出租车司机与出租车公司之间的责任，实践中会根据具体情况来确定。本案应由真正车主先行承担责任，再由出租车公司承担连带责任。这样处理有三个好处:一是加重真正车主的责任意识,减少交通事故的发生;二是让出租车公司承担连带责任后,有利于保护受害人的权益,使赔偿可以得到保障;三是出租车所有人将出租车挂靠在出租车公司名下,并按照公司规定交纳管理费后,出租车公司确实存在收益,因此让出租车公司承担责任的做法,也体现了责权利相一致的原则。

另外,根据交强险的规定,事故损失首先应由保险公司承担。对于保险限额内的部分,无需区分肇事方和受害方的责任比例,法院可以直接判决保险公司赔偿。对于超出保险限额的部分,法院应根据肇事方和受害方之间的责任比例,判决由双方当事人分担。这种处理办法,既减少了重复诉讼的麻烦,也有利于受害人及时获得赔偿。让出租车公司对原告所受经济损失承担全部连带责任。原因是肇事出租车驾驶证上的车主就是出租车公司,据此可以认定,出租车公司是车主,驾驶出租车的是其雇员。按照最高人民法院《关于审理人身损害赔偿案件适用法律若干问题的解释》第9条规定:"雇员在从事雇佣活动中有重大过失致人损害的,应当与雇主承担连带责任。"因此,出租车公司应当对原告所遭受的经济损失承担全部连带赔偿责任。

专家支招:

出租车公司收取了管理费,就应对所挂靠的出租车负管理义务,挂靠的出租车一旦发生交通事故,出租车公司在管理职责范围内应承担责任,即与出租车司机一起对被侵权人承担连带的赔偿责任,但侵权的赔偿责任最终应由有过错的实际侵权人承担,因此,出租车公司在赔偿之后可以向营运司机追偿。对于被侵权人来说，首先是向出租车司机主张赔偿，如果其没有赔偿能力或赔偿数额不足，被侵权人就可以向出租车公司主张权利。

34.意外车祸"一尸两命"胎儿能否获赔？

案例：

2012 年 7 月 4 日 17 时 30 分，唐××驾驶川×××号中型自卸货车，沿 AA 路由 AAA 方向，行驶至该路段 AA 路口 50 米处时，在避让前方同方向正在左传弯的蒋××驾驶的渝×××号普通两轮摩托车的过程中，由于操作不当，天雨路滑，致使川×××号中型自卸货车向左侧车道侧滑，在侧滑过程中，分别与蒋××驾驶的渝×××号普通两轮摩托车和相对方向行驶的廖××搭乘的普通两轮摩托车相撞。事故发生后，AAA 区人民医院 120 急救车到达现场，查廖××已无生命特征，确诊死亡，已妊娠 7 月，后廖××于当日 18:00 被送至医院抢救胎儿，廖××到医院时已死亡，可闻及微弱胎心音，并立即将死者抬入手术室，行剖宫术于同日 18:32 取出一女婴，但未闻及心跳，急救处理后胎儿仍无心跳，皮肤苍白，冰冷，继续正压吸氧，胸外心脏按压 15 分钟后，新生儿仍无呼吸、心跳，宣布死亡。此次事故经交警部门责任认定：唐××、蒋××承担此次事故同等责任；廖××及其驾驶员不承担此次事故责任。问：意外车祸"一尸两命"胎儿能否获赔？

专家解析：

本案中，腹中胎儿能否获得赔偿焦点争议的核心在于胎儿是否具有民事权利之辨。我国《民法通则》规定：公民从出生时起止死亡时止，具有民事权利能力，依法享有民事权利，承担民事义务。关于自然人的出生在法学理论界存在多种观点，其中"独立呼吸说"成为我国法学理论的主流和通常观点，"独立呼吸说"即是指婴儿脱离母体并能独立存活。因此，在我国，出生后有呼吸的婴儿即使是随即死亡，根据户口制度也要进行出生登记和死亡登记。

我国民事法律规定获得民事赔偿的先决条件是具有民事主体资格，自然人的民事主体资格始于出生，终于死亡。我国民事法律领域关于自然人出生通常采用"独立呼吸说"，经庭审充分举证质证已查明胎儿剖腹脱离母体时已无呼吸、心跳，不满足取得民事主体资格的法律构成要件，故法院最终对原告要求赔偿廖某腹中胎儿死亡赔偿金、丧葬费、精神抚慰金的诉讼主张依法不予支持。

专家支招：

本案当中的胎儿不幸出生时即已经死亡，如果胎儿出生时是活体的，他/她的合法的民事权益受到侵犯，他/她能够以自己的名义向法院提起诉讼，向侵权行为人主张权利。此时，他/她的父母亲可以担任其诉讼代理人参加诉讼，维护他/她的合法权益。即使侵权行为人之前已经对侵害其母亲民事权利的行为做出了赔偿，也不能够免除对他/她的损害赔偿责任。

35.出借身份证被人买摩托还几经转手是否需要
为事故承担责任？

案例：

陆某驾驶一辆二轮摩托车行驶至北仑某市一公司门口时，与行人沈某发生碰撞，沈某倒地受伤。后交警大队认定，陆某驾驶与其驾驶证载明的准驾车型不相符的车辆，承担此事故的全部责任。事故发生后，沈某住院多天，伤残等级为十级。由于对事故责任及赔偿金额争执不下，沈某将陆某及摩托车的登记车主冯某诉至北仑法院。沈某认为，陆某作为肇事者应当承担赔偿责任，冯某将摩托车出借给与驾驶证载明的准驾车型不相符的人员驾驶，存在较大的过错，应当承担连带赔偿责任。为此，沈某要求两被告共计赔偿各项损失10万余元。陆某辩称，自己已经采取紧急刹车、鸣笛、避让等措施，怎奈沈某完全无视这些警示行为，依然横穿马路，才最终导致事故发生，因此沈某对于事故的发生也有过错。而冯某作为车辆所有人，也应对损害结果承担相应赔偿责任。冯某则辩称，自己只是几年前无意中将身份证借给他人使用，谁知借用人拿着身份证购买了摩托车，随后又转手卖给他人。多年来，摩托车几经转手，却从未办理实际的买卖登记，自己此前一直不清楚这一车辆的存在。他表示，自己既不是肇事车辆的实际所有人，也不是出借人、出租人，没有任何过错，不应对受害人承担任何侵权责任。最终，法院判决陆某在交强险范围内赔偿沈某10万元，并承担超出交强险部分的损失的 80%，即 7000 余元。驳回沈某的其他诉讼请求。问：出借身份证被人买摩托还几经转手是否需要为事故承担责任？

专家解析：

根据《侵权责任法》第 50 条规定：当事人之间已经以买卖等方式转让并交付机动车但未办理所有权转移登记，发生交通事故后属于该机动车一方责任的，由保险公司在机动车交强险责任限额范围内予以赔偿；不足部分，由受让人承担赔偿责任。根据陆某陈述，摩托车是一认识的朋友放在家里让他先骑着的，至事故发生时已有半年左右，但他并不认识冯某。既然陆某不认识冯某，那么冯某不可能出借摩托车给他，也不可能应当知道他未取得相应驾驶资格。另外，结合事故发生的视频资料，事故发生时沈某确未充分注意来往车辆和自身安全而横穿道路，对本起事故也具有一定过错。为此，陆某只需对超出交强险责任限额的部分承担 80% 的赔偿责任。

专家支招：

身份证等重要证件不要随意外借，并应对自己名下的财产做到心中有数，及早发现问题，避免不必要的麻烦。

36.共同饮酒造成人身伤亡谁来赔偿？

案例：

张某与唐某等三位朋友相约去酒吧喝酒，去时唐某自带一瓶高度白酒。至酒吧后，因与酒吧老板夏某认识而共同饮酒，五人共饮该瓶白酒，期间又喝了不少酒吧里的啤酒。从晚上12点一直喝到凌晨3点，张某大醉。3点左右，唐某叫来一位朋友李某(未饮酒)开车，并与另一朋友将张某扶上汽车，3点至5点，一直绕市区兜风。五点后将车停在宾馆门口，直到7点，期间车上没有一人下车，7点后，唐某将张某背至宾馆。宾馆服务人员发现异常后，报120，张某经医院抢救后无效死亡。关于本案中与张某等共同饮酒的其他四人是否需要承担法律责任？问：共同饮酒造成人身伤亡谁来赔偿？

专家解析：

从本案的实际案情看，张某等人喝的烈性酒，是唐某自带，这是导致张某最后酒精中毒的直接原因；张某等人饮酒地点是在酒吧，且酒吧老板共同参与，作为专业从事酒吧经营的人员，酒吧老板的注意义务要远高于一般行为能力人，因而其未阻止张某的过度饮酒，其在饮酒上的过错要高于其他共同饮酒人；汽车司机虽然系免费开车，但其未饮酒，在驾驶汽车时对同车上人员的健康状况理应比其他已饮酒了的人注意义务要高，其在绕城2小时，宾馆门口停了2小时的过程中，对张某的死亡负有疏忽大意或轻信能够避免的过失，因而也需承担一定责任。在将张某送入宾馆之后，连宾馆的服务人员都能够注意到张某的异样，但张某的上述同伴却置之不理，此过错显然要高于一般的酒后护送、照顾义务。本案中，过失的因素要远大于故意，但不能因为过失而就使行为人免责。

专家支招：

此类案例给我们实际生活中的朋友共饮行为提了个醒，共饮人应在合理范围内文明共饮尽到一般的护送照顾义务,否则可能因过错,而侵犯了死者的相关权益而遭到索赔。

37.商户被盗后商场是否承担过错责任?

案例:

2007年4月28日,原告李某租赁被告世纪商城内一处经营场地经营黄金珠宝业务,双方签订的租赁经营合同约定:被告将世纪商城经营场地及设施使用权交付原告李某使用,经营场地使用费一年共计36000元;经营期间,世纪商城负责提供基本用水、用电、治安、卫生等服务,搞好布局规划和市场秩序以及营业规范的管理工作。合同签订后,原告按约交付给被告经营场地使用费并在世纪商城商场内以兰菊黄金珠宝专柜字号经营金银珠宝零售业务。2008年4月1日凌晨,宋某等人发现商场保安均在商城西边小屋里睡觉,遂剪断商场玻璃门锁进入商城,对商城内李某经营的黄金珠宝专柜实施盗窃。2008年5月7日宋某等人被抓获。一审法院刑事判决认定宋某等人盗窃李某经营的黄金首饰价值343407元。其中,公安机关追回手镯两个及佛脸像一尊共计价值10000元,退给原告,其他被盗物品均未追回。李某遂提起民事诉讼,要求世纪商城赔偿损失333407元。世纪商城辩称,李某未将经营物品交付其保管,且造成经营物品损失的责任人是第三方,不应承担赔偿责任。一审判决下发前,原告和被告达成调解,由被告一次性赔偿原告李某10万元损失。承担全部损害赔偿责任。问:商场承担被盗商户财产损失的责任如何认定?

专家解析:

本案被告违反了租赁经营合同的附随义务,应视其有无过错确定是否承担责任。一般认为,违反合同履行中的附随义务构成不完全履行,应承担合同违约责任。合同责任原则上是无过错责任,只要有违约行为存在,不考虑其主观有无过错,当事人即应承担违约责任。但合同附随义务是基于诚实信用原则而产生的义务,诚实信用是隐含于内部的价值标准,因此对附随义务的违反必然包含着某种可归责性,义务人如无过错而未能履行附随义务,则不能认为其违反诚实信用原则而对之追究责任,而应视为正常的风险负担。因此,违反合同附随义务的责任,不宜采用无过错责任原则。本案中,被告的安保人员夜间值班期间均已入睡,未尽到相应的注意义务,导致商场失窃,商城存在过错,这构成了商城承担责任的基础。

同时,合同一方因过错违反附随义务造成另一方财产损失,也构成侵权,另一方可以选择适用违约责任或侵权责任主张自己权利。《侵权责任法》第37条规定:"宾馆、商场、银行、车站、娱乐场所等公共场所的管理人或者群众性活动的组织者,未尽到安全保障义务,造成他人损害的,应当承担侵权责任。因第三人的行为造成他人损害的,由第三人承担侵权责任;管理人或者组织者未尽到安全保障义务的,承担相应的补充责任。"尽管本案在审理期间该法尚未出台,但已有的最高人民法院

《关于审理人身损害赔偿案件适用法律若干问题的解释》第 6 条规定：
"从事住宿、餐饮、娱乐等经营活动或者其他社会活动的自然人、法人、
其他组织，未尽合理限度范围内的安全保障义务致使他人遭受人身损
害，赔偿权利人请求其承担相应赔偿责任的，人民法院应予支持。因第
三人侵权导致损害结果发生的，由实施侵权行为的第三人承担赔偿责
任。"

专家支招：

本案属于违约责任与侵权责任的竞合，根据《民法》的一般原理当
事人可以选择提起违约之诉或侵权之诉，因此实践中具体要看哪方面
的证据周全而判断选择提起哪种诉讼为妥。

38.电视台聊"家长里短"也会因此承担侵权责任吗？

案例：

被告张女士在某电视台一档情感讲述类节目中担任访谈嘉宾，她
在节目中发表言论称其兄嫂张姓夫妻手脚不干净，她还怀疑他们的孩
子并非亲生，建议他们做亲子鉴定。张女士的兄嫂认为，该节目收视率
很高，嘉宾张女士在节目中对二人公然侮辱、诽谤，使得他们的社会评
价急剧降低，张女士的行为已侵犯了他们的名誉权，故诉至法院，请求

判张女士停止对其二人名誉权侵害的行为，并在北京电视台等公开发行的媒体上赔礼道歉、消除影响、恢复名誉，同时索赔精神损害抚慰金及公证费等共计20万余元。被告张女士则大感委屈。她认为自己在节目中所说的都是自己感知的事实，虽然加入了一些主观评论，旦是并没有侵犯原告名誉权的故意。况且，自己并没有点出兄嫂的真实姓名，这怎么会降低他们的"社会评价"呢？如果这都要承担法律责任，未免太冤了！目前，本案正在审理之中，尚未判决。问：电视台聊"家长里短"也会因此承担侵权责任吗？

专家解析：

此案虽是个例，但反映出情感类电视节目涉嫌侵犯公民名誉权、隐私权的现象却值得重视。各卫视此类节目的形式和内容大同小异，多为真人出镜，讲述家庭纠纷或是工作、情感经历。然而，也正因为节目内容多是家庭纠纷、情感经历，节目形式是嘉宾主观性叙述和点评，因此节目面临最大的法律风险就是侵犯公民隐私权和名誉权。《民法通则》确认了名誉权是人格权的一项基本内容。该法第101条、第120条规定：公民、法人享有名誉权，公民的人格尊严受法律保护，禁止用侮辱、诽谤等方式损害公民、法人的名誉。公民的姓名权、肖像权、名誉权、荣誉权受到侵害的，有权要求停止侵害，恢复名誉，消除影响，赔礼道歉，并可以要求赔偿损失。法院认定名誉权主要依据的是最高人民法院《关于审理名誉权案件若干问题的解释》。该司法解释第7条规定：是否构成侵害名誉权的责任，应当根据受害人确有名誉被损害的事实、行为人行为违法、违法行为与损害后果之间有因果关系、行为人主观上有过错来认定。因此,法院主要通过 4 个方面来确定行为人的行为是否侵害他人名誉权。首先,行为人客观上存在损害他人名誉的事实,并为第三人知悉。如果该言论未传播给第三人,并不构成法律上的公开。如本文中的案例,张女士在电视节目中公开传播针对张姓夫妇的言论,电视节目作为具有广泛社会影响力的平台,一经播出就必然构成法律上的公开。

其次,行为人主观上有过错,这里需要说明的是,"过错"不仅包括故意,也包括过失。故意是指明知自己的行为会造成他人名誉的损害,仍然积极追求这种结果的发生。过失是指应当预见自己的行为可能造成他人名誉的损害,但由于疏忽大意或过于自信没有预见致使损害后果发生。无论故意或过失,只要行为人在主观上有过错,并在客观上造成他人的社会评价降低,即属于侵犯他人的名誉权。

再次,被侵害的对象应当是特定的人。所谓特定的人是指某个具体的自然人或法人。如果没有特定的人,在法律上就不存在所谓的受害人。现在大部分电视情感节目为了规避法律责任,往往隐去当事人姓名,给讲述人戴上面具以制造对象"不特定"的效果。然而,如果观众通过综合推断,仍然可以知晓节目所指的对象是谁,节目就无法豁免于侵权责任。

最后,在损害后果上,行为人的行为对受害人的名誉造成了较严重的损害。值得注意的是,这种不公正的社会压力、心理负担或精神上受到的折磨必须是客观实在的,而不是受害人主观上的一种感受。也就是说,某人的名誉仅仅指公众对其的社会评价,而不是其内在价值的自我评价。电视台可能承担连带责任除了名誉权,情感讲述类节目也容易陷入侵犯隐私权纠纷。每个人都有不愿意别人介入的"一亩三分地",这就是隐私。所谓隐私是一种与公共利益、群体利益无关,当事人不愿他人知道或他人不便知道的个人信息。相比于对名誉权的保护,我国法律对隐私权的保护相对滞后。《侵权责任法》修正了《民法通则》的这一立场,将隐私权确立为一项独立的民事权益。当自然人的隐私权遭受侵犯时,受害人可以直接提起民事诉讼维护其合法权益,我国公民个人的隐私权保护也由此进入一个新的阶段。电视台是一个开放的平台,倾诉人在情感讲述类节目中即使讲述自己的经历,其中也可能包含他人隐私,如果倾诉人因此泄露他人隐私,无论故意还是过失,都有可能承担法律责任。那么,制作并播放节目的电视台是否承担责任呢?作为默许倾诉人行为的节目制片方自然不能置身事外。根据最高人民法院《关于审理名誉权案件若干问题的解答》第7条第3款的规定,因新闻报道严重失实,致他人名誉受到损害的,应按照侵害他人名誉权处理。换句话说,电视台是否承担侵权责任、承担何种程度的侵权责任,由电视台是否尽到审核义务而定。从现有的案例来看,电视节目将一方当事人的陈述作为全部事实予以播出,或者诱导当事人发表侵害他人名誉权的言论、泄露他人隐私,节目主持人或点评嘉宾对事实做不客观评价,都可能令电视台承担侵害名誉权、隐私权的连带责任。

专家支招:

对于电视台来说,制作情感类节目,讲述私人的纠纷本就有法律风险。节目制作方应当站在公正客观的立场上,将双方当事人的声音都传递出来,这样可以使节目更加客观和接近事实真相,在为自己免去诸多麻烦的同时,也能帮助观众做出更加科学、理性的判断。

39.老年人在敬老院中意外伤亡应按免责协议处理吗?

❖   ❖   ❖

案例:

陈某入住某个体养老院时,院方提出凡年龄70岁以上者,双方所签订的寄养合同均约定:"由于老年人生命体征脆弱,不可抗力因素较多,若因院方难有预见和把握的意外伤害,院方不承担责任。"并要求其入住者及子女同时在合同上签字,想到别人都是如此办理的,陈某及其女儿均在合同上签字。2013年4月的一天下午陈某在敬老院室外花园凉亭休闲时,因所坐石凳不稳,倾倒摔伤致左手腕骨折。陈某认为母亲是在敬老院摔伤的,敬老院应承担赔偿责任。可敬老院以事先有约在先拒绝担责。请问,敬老院应当承担赔偿责任吗?问:老年人在敬老院中意外伤亡应按免责协议处理吗?

专家解析:

陈某与敬老院所签订合同中,若因院方难有预见和把握的意外伤害,院方不承担责任的约定,违反《合同法》第40条之规定:该条款属于加重对方责任,免除自身责任的格式条款,当属无效条款。此种情形下,敬老院是否承担责任,关键是看其是否存在过错导致陈某摔伤的原因是敬老院室外花园凉亭石凳不稳,而它的所有人、管理人均是敬老院,石凳不稳存在安全隐患,敬老院没有及时发现并维护是其主要责任。《侵权责任法》第85条规定:"建筑物、构筑物或者其他设施及搁置物、悬挂物发生脱落、坠落造成他人损害,所有人、管理人或者使用人不能证明自己没有过错的,应当承担侵权责任。所有人、管理人或者使用权人赔偿后,有其他责任人的,有权向其他责任人追偿。"因此,陈某的损害应由敬老院全额赔偿。

专家支招:

　　随着我国人口老龄化的发展,家庭养老功能弱化,敬老院养老方式被越来越多的人所接受。也正因如此,家属与敬老院之间的纠纷也呈增多的趋势。从司法实践看,纠纷绝大多数由签订的服务协议引起老年人入住敬老院时,最重要的就是与敬老院签订书面协议,以此明确双方的权利和义务。对于养老协议的签订,双方都应该对存在的风险进行一定的预判。对于敬老院一方,接收的老年人患有何种疾病以及家属方如果隐瞒病情该如何处理,都应该在协议中具体载明;对于入院老年人的身体检查要有一定程序,要针对不同身体状况的老年人做具体的护理划分。

　　家属将老年人送至敬老院,其实就是监护责任的转移,要想责任明确分担,就应当将相关具体的情况写进协议,这样一旦出现纠纷,才能明确责任。另外,对于潜在的危险和可能造成老年人伤害的事项,养老机构还负有告知和警示的义务,避免或发生危险的伤害事故。对于家属一方,应事先对敬老院的资质等条件进行全方位的实地了解。例如,医疗护理人员和服务人员（无医务室的应有与其签约的专业医院负责老年人疾病的诊治)的配备是否与服务规模相适应,生活起居、文化娱乐、康复训练、医疗保健等服务设施配套是否符合规定,等等。同时,家属要将老年人的具体情况如实告知敬老院,并将相关服务项目的要求清楚地写进协议中,如老年人是否需要定期喂药、是否根据特殊需要或遵医嘱合理配餐、是否需要心理疏导、是否需要 24 小时专人陪护等,都应详细清楚地约定,以保证老年人得到周到、细致的服务。

40.客人入住后无故被打伤宾馆是否承担补充赔偿责任?

案例:

2011 年 1 月 30 日前后,原告马某、被告左某分别入住被告某宾馆相邻房间。2 月 1 日凌晨,被告左某、樊某等酒后返回宾馆,在房间门口与旅客发生冲突被拦开。被告左某担心遭报复便让被告樊某回家取凶器。被告樊某乘出租车从家中取来斧头、洋镐把即返回。被告樊某单手掂着斧头(长约 80 厘米)、洋镐把(长约 1 米)进入宾馆。途经宾馆一楼服务台时,其将斧头、洋镐把藏在身后带入房间。凌晨 3 时许,被告左某、樊某等离开房间外出,恰遇原告马某与蔡某、柳某等三人酒后返回相邻的房间休息。被告左某误以为马某等是刚刚与其发生冲突的人,寻衅与马某等人在过道上发生冲突。被告左某、樊某遂返回房间取出凶器,被告左某持斧头打击原告马某,被告樊某则持洋镐把击打蔡某、柳某。在场服务员见状惊恐万分,迅速逃离到一楼报警。混战中原告马某奋力夺下被告左某所持的斧头,尔后被告樊某携带洋镐把与左某一同逃离宾馆。原告马某受伤后在医院治疗,住院45天,支付医疗费10000余元,期间医嘱陪护1人。另外,两侵权人已被追究刑事责任,判决已生效。问:客人入住后无故被打伤宾馆是否承担补充赔偿责任?

专家解析:

本案中,被告左某、樊某共同侵害他人身体已经构成侵权,应当承担侵权责任。二人共同实施侵权行为,应当承担连带责任。那么,被告某宾馆是否需要承担责任呢? 根据《侵权责任法》第37条规定:"宾馆、商场、银行、车站、娱乐场所等公共场所的管理人或群众性活动的组织者,未尽到安全保障义务,造成他人损害的,应当承担侵权责任。因第三人的行为造成他人损害的,由第三人承担侵权责任;管理人或组织者未尽到安全保障义务的,承担相应的补充在责任。"可知作为公共场所管理人宾馆负有安全保障义务。最初被告左某、樊某与其他旅客在宾馆发生冲突时被告某宾馆应有察觉。时值凌晨被告樊某匆匆离去后又迅速返回,当其将作案工具带入宾馆时并未包裹,其值班人员疏于安全防范,因失察使违法人员携带工具进入公共场所后行凶,具有一定的过错。因此,本案中被告某宾馆在经营活动中未尽到安全保障义务,应当承担相应的补充责任。

专家支招:

经营者的安全保障义务指的是经营者在经营场所对消费者、潜在的消费者或其他进入经营服务场所的人之人身、财产安全依法承担的安全保障义务。经营者违反安全保障义务的责任性质是过错责任,对其过错的判断应以是否在"合理限度内"承担了安全保障义务为标准。由于"合理限度"本身是一个抽象概念,具体审判时很难把握。但我们可以认为,如果在通常情况下,一个合理、谨慎的经营者应当作为而经营者没有作为,则经营者就未尽到合理限度的安全保障义务。

此案被告左某、樊某喝醉酒已经与其他旅客发生过冲突,宾馆工作人员应该对他们的行为多加注意和防范。且樊某携带的作案工具斧头、洋镐把体积比较大,即使藏到身后,宾馆前台工作人员如果稍尽谨慎义务,是可以发现的。因此宾馆存在一定过错。故在此类案件中宾馆需要承担补充责任。

41.影楼拍摄的照片被用于合同外的宣传构成侵权吗?

案例:

2012年5月,平面模特向楠及其男友欲拍摄婚纱照,影楼见二人形象气质俱佳,于是提出免费为二人拍照,并为二人制作一套20张8寸彩色影集、24寸彩色照片一张,作为影楼无偿拍摄的对价,影楼要求二人同意将其照片免费陈列于影楼橱窗中展示,双方达成了一致意见,并签订了协议。但事后向楠发现,影楼在她和男友不知情的情况下,又分别于 2012 年 8 月 21 日 8 月 22 日在某报刊登的该影楼宣传广告中使用了二人的婚纱照。向楠及其男友认为,影楼的行为侵犯了二人的肖像权,故起诉至法院,要求影楼停止侵害,以登报道歉的方式消除影响,并赔偿精神抚慰金 2 万元。法院经审理认为,原告、被告虽达成拍照样片协议,但被告未经原告同意,将原告照片刊登在报刊上,其行为侵害了原告的肖像权,故法院支持了原告要求被告停止侵害,赔礼道歉的诉讼请求。同时法院认为,因被告的行为未对原告的形象有侮辱、丑化、损害人格尊严的情节,原告要求被告赔偿精神抚慰金 2 万元数额过高,酌定被告赔偿原告精神抚慰金 3000 元。问:影楼拍摄的照片被用于合同外的宣传构成侵权吗?

专家解析:

根据《民法通则》第 100 条的规定:"公民享有肖像权,未经本人同意,不得以营利为目的使用公民的肖像著作权人行使著作权不能侵犯自然人的肖像权,除非双方有特殊约定或存在法定违法阻却事由(如,基于新闻报道目的的使用),著作权人使用以自然人肖像为拍摄对象的作品时,需取得肖像权人的同意。"影楼运用造型艺术手段将顾客的肖像固定在物质载体上后,该肖像虽与顾客相脱离,但肖像权人对肖像的使用方式、使用范围、使用收益、转让的范围等依然具有专有的权利,未经肖像权人同意,他人不得使用。本案中,向楠及其男友时其肖像享有肖像权,虽然二原告同意在影楼橱窗展示其照片,但二原告并未明确授权影楼对其照片进行其他方式的商业性使用。影楼在未经二原告允许的情况下,将载有二原告肖像的照片用于其他商业用途,侵犯了二原告的肖像权。

专家支招：

影楼为顾客拍照后，一般会向顾客提交照片以及相册等附属产品，此时，顾客仅仅得到了照片及其附属产品的物权，而顾客可以把照片留作私人欣赏或展览。但摄影师是该作品的著作权人，倘若顾客欲将照片用于广告等商业用途，则需要征得摄影师或影楼的同意，为摄师署名并向著作权人支付报酬，否则须承担侵犯著作权的侵权责任。但倘若摄影师欲将照片用于广告等商业用途，则需要征得顾客的同意，否则肖像权人有权以此提起侵权之诉。

42.被狗吓到，老汉躲闪中受伤主人需赔偿吗？

案例：

2012 年 8 月 28 日，黄老汉在自家房屋附近的路边与邻居闲聊，忽然看见同村陈某饲养的一条大黑狗向其狂奔而来，他大吃一惊，在躲闪中跌倒受伤。闻讯赶来的陈某将黄老汉送至医院救治，后经医院诊断为腿骨骨折，先后两次住院共花去医疗费 2.46 万余元。黄老汉认为，肇事狗的主人陈某没有看管好他的狗，才导致自己受伤，因此应承担全部责任。于是，黄老汉诉至启东市法院，请求陈某赔偿医疗费、住院伙食补助费、营养费、护理费等合计近 3 万元。法庭上,陈某辩称,其饲养的狗当日在路上正常行走,并未向黄老汉扑去,黄老汉摔倒是因自身疾病原因所致,请求法院驳回原告的诉讼请求。启东市法院审理另查明,事故发生后,被告到医院为原告垫付相关治疗费用 5000 元;虽然被告否认其所饲养的狗撞到了原告,但其对原告的证人所作"被告家的狗朝西狂奔,经过原告身后时,原告倒地"的证言表示认可;原、被告所在的村委会多次组织双方调解,但因具体赔偿数额问题未达成一致意见。一审判决,被告陈某赔偿原告黄老汉 2.7 万余元,因被告陈某在原告住院期间垫付了 5000 元,实际再赔偿原告 2.2 万余元。陈某不服,向某市中院提起上诉。在二审审理过程中,经法官主持调解,双方达成调解协议,由陈某一次性赔偿原告 2 万元,不含已支付的 5000 元。陈某当场支付,双方握手言和。问:被狗吓倒,老汉躲闪中受伤主人需赔偿吗?

专家解析:

此案属于动物侵权案件,我国《侵权责任法》第 78 条规定:"饲养动物造成他人损害的,动物饲养人或者管理人应当承担侵权责任,但能够证明损害是因被侵权人故意或重大过失造成的,可以不承担或减轻责任。"第 79 条规定:"违反管理规定,未对动物采取安全措施造成他人损害的,动物饲养人或者管理人应当承担侵权责任。"根据上述规定,法院在确定举证责任分配上,动物致人损害的案件实行举证责任倒置,除非狗的主人有证据证明,动物致人损害是因为受害人有过错或者第三人有过错,否则就要依法承担法律责任。本案中,原告有证据证明他的受伤与动物的行为有因果关系,被告无证据证明原告存在过错,且未对自己饲养的狗采取相关安全措施,故法院认定由原告赔偿责任。

专家支招:

饲养动物致人损害赔偿案件虽然适用举证责任倒置原则,但并不因此完全免除主张方的举证责任,其仍需就侵权事实,即侵权行为与受侵害人损害结果有直接因果关系承担举证责任,并且其举证证据应达到盖然性程度,若其不能完成应负的举证责任,将导致适用举证责任倒置原则的前提和条件不能成立,其诉讼请求也无法得到法律的保护。故此类案件中,原告还应当就侵害事实的成立承担举证责任。

43.大风吹断树木伤人的责任谁承担?

案例:

某日,凌某驾驶摩托车(未戴头盔)沿某乡村水泥路由东向西行驶时,被路北侧一棵折断的树干(直径约 20 厘米)击中头部,经医院抢救无效死亡,凌某抢救期间家人共支付医疗费 41663.65 元。经查,被告郑某等四人与被告某林场所属的林业公司签订合同,合同第 1 条约定:甲方(某林场)将本公司石子路两侧地段发包给乙方(郑某等四人)植树;第 3 条约定:砍伐销售金额乙方 100%分成;第 4 条第 2 项约定:生长期间的扶正踩实、防火防盗、防虫、修剪、清除林间杂草应及时管理,一切费用均由乙方负担。甲方有监督乙方管理权利,并协助乙方搞好管理。另查明,某林场在事发地的树上悬挂横幅,折断的树木上有铁丝勒痕;事故发生时有暴风雨。事故发生后受害人家属诉至法院,要求五被告连带赔偿医疗费、护理费、住院伙食补助费、交通费、丧葬费、死亡赔偿金、被抚养人生活费、精神损害抚慰金等合计 489251.65 元。问:大风吹断树木伤人的责任谁承担?

专家解析:

被告某林场虽然将事发路段两侧的土地承包给郑某等四人植树,明确树木及养护管理、收益均由其四人享有和承担,被告某林场对该路段的树木不享有所有权、管理权、受益权,但某林场在事发路段的树上悬挂宣传横幅,使该段路两旁的两棵树上有铁丝勒痕,因而在一定程度上降低了该树木的抵抗力,造成被大风折断而致他人死亡的后果,某林场应当承担相应的责任。作为树木的所有人、管理人,郑某等四被告如果尽到注意义务,及时制止林场悬挂宣传横幅,或者及时清除横幅,则该树枝被风折断的可能性便大大降低,该事故也许就不会发生。正因为郑某等四被告事先未做好相关的风险防范措施,没有对自己承包的树木采取必要的修剪或加固措施,因而造成了损害结果的发生。树砸人应该不属于意外事件范畴,与突如其来的地震、海啸、火山爆发等有着根本区别。因此,依照《侵权责任法》第 90 条的规定,因林木折断造成他人损害,林木的所有人或者管理人不能证明自己没有过错的,应当承担侵权责任。而本案死者在驾驶摩托车时没有按照规定佩戴头盔,有一定过错,可适当减轻被告的责任。

专家支招：

作为树木的所有人、管理人，应尽到注意义务，及时制止危险事故发生的可能性。同时，一旦出现此类事故，要及时取证查找相关的所有人及管理人才能有机会获得有效赔偿。

44.未成年人盗窃案中监护人责任有哪些？

案例：

李某、张某均为未成年人。某日，二人潜入原告王某家，窃取王某的若干金饰品。两人得到这些财物后无处躲藏，又怕被人发现，将这些金饰品在花园里挖了一个坑，埋入地下。破案之后，两名未成年人引领警察到该地起获赃物，结果发现金饰品已经被人盗走。王某主张二未成年人的监护人承担侵权责任，监护人主张自己没有疏于监督的过失，但是无法举证说明。法院判决二未成年人的监护人承担侵权责任。问：未成年人盗窃案中监护人责任有哪些？

专家解析：

本案例涉及的是侵权责任中的监护人责任，《侵权责任法》第32条对此作了规定："对无民事行为能力人和限制民事行为能力人造成他人损害，其监护人承担侵权责任。"在本案中，李某和张某盗窃王某财产并且把赃物隐藏以致被人盗走，他们的行为已经构成侵权责任。首先，他们盗窃王某的财产，其行为与王某的财产损失之间具有因果关系；其次，确定监护人的侵权责任适用过错推定原则，故王某无需举证证明监护人的过错，即可从二未成年人的盗窃事实中推定出其监护人未尽监督之责，是有过失的；再次，尽管二未成年人盗窃的财产已经被他人窃走，但这并不影响侵权责任的成立，其监护人应当对该侵权行为承担侵权责任，本案的二未成年人如果没有自己的财产，应当由其监护人承担赔偿责任。

专家支招：

监护人责任的构成必须具备违法行为、损害事实、因果关系和过错这四个要件。具备这四个要件者，构成监护人责任。同时，确定监护人责任适用过错推定原则，而确定监护人的过错，是从被监护人致人损害的事实中，推定其监护人有疏于监护的过失，监护人认为自己没有过错的，实行举证责任倒置，监护人应当举证证明自己无过错，不能证明自己无过错的，监护人应当承担侵权责任。

45.车辆外借出事故，第三者责任险赔不赔?

案例：

2010年9月8日，郑某为其名下的车辆向某保险公司投保了交强险、车辆损失险和第三者商业责任险等。第三者责任险保险条款第六条约定："保险机动车在被保险人或其允许的合法驾驶员使用过程中发生意外事故，致使第三者遭受人身伤亡或财产的直接损失，对被保险人依法应支付的赔偿金额，保险人依照本保险合同的约定给予赔偿。"2010年11月8日，郑某将车辆出借给朋友潘某，不料发生道路交通事故，潘某对事故的发生负全部责任。2011年9月9日，人民法院判决认为，郑某无偿出借车辆，不应承担赔偿责任；某保险公司在交强险限额内赔偿事故无责方强某财产损失2,000元、潘某赔偿强某车辆损失及施救费合计132,088元。之后，郑某向保险公司申请理赔时遭拒。保险公司的理由是，保险条款保障的是被保险人郑某的赔偿责任，因郑某对交通事故的发生不承担责任，所以保险公司不应给付保险金。郑某起诉后，人民法院审理时支持了保险公司的这一观点，判决保险公司无需给付三责险理赔金，仅应给付郑某车损险理赔金。问：车辆外借出事故，第三者责任险赔不赔？

专家解析：

本案争议保险责任条款约定的保险事故范围虽然为"保险机动车在被保险人或其允许的合法驾驶人使用过程中发生意外事故"，但保险人承担责任的范围却限定于"被保险人依法应支付的赔偿金额"。所以，车辆无偿出借发生有责交通事故，保险公司是否应承担商业第三者责任险的保险责任是本案的一个争议焦点。那么，保险责任到底仅限于被保险人郑某本人在交通事故中对第三者应承担的侵权责任，还是包括被保险人允许的合法驾驶人在交通事故中的侵权责任呢？争议保险条款是某保险公司于2010年7月《侵权责任法》实施前适用至今的格式保险条款。《侵权责任法》实施以前，在本案情况下，被保险人与其允许的合法驾驶人对外承担连带清偿责任。故争议保险条款在拟定时对保险责任的表述系建立在被保险人承担连带清偿责任的基础上。《侵权责任法》实施后，被保险人郑某不用承担连带责任了，保险人若只对被保险人的侵权责任承担保险责任，则保险人的责任范围和责任金额将大幅缩减。基于诚实信用原则，此时保险人对责任范围发生的限缩（即免除相应责任）负有提示和特别说明义务，并应在保费核算上作相应调整。不过，保险公司和郑某均确认，保险公司未对争议条款内容进行过和特别说明，所以保险公司亦不能以该条款要求免责。另一方面，第三者责险若指定驾驶人，因保险人的责任范围缩小，保费也有相应减免。反之，在保费较高的不指定驾驶人的一般情况下，保险人应对被保险人允许的合法驾驶人发生的有责事故承担全部保险责任。

专家支招：

导致郑某败诉的原因主要在于，法院认为郑某无实际赔付，不符合主张保险金的主体资格。我国侵权法律界定的是车主、使用人对事故的责任，着眼于"人"的责任；而保险法律所规定的第三者责任是因车辆的驾驶对外产生的责任，着眼于"车"的责任。这两种责任不能混为一谈。在目前我国车辆保险体系中，主要根据车辆的情况确定保费费率，而与驾驶人本身的年龄、驾龄、驾驶习惯、婚姻状况等关联性不大。因此，我国车险体现的是"随车主义"，而非"随人主义"。"体现在对外责任承担上，保险车辆的责任承担与哪个主体具体对外赔付并不相同。根据合同约定及法律规定，主张第三者责任险保险金的条件为对第三者应承担相应责任且已履行完毕。"在现实生活中,出借车辆给他人驾驶的情况非常普遍。保险公司理赔时主张抛弃"随车主义"采用"随人主义"并不合理,有失公平。《侵权责任法》对车主和借用人的对外责任进行了分配,主要是为了平衡车辆所有人、借用人和受害人之间权利义务关系,并非着眼于减免保险人责任、弱化保险补救功能。

46.游客被团友撞伤应向谁索赔?

案例:

尚某随一旅行社到外地旅游,旅行社导游吴某带团游览一处地势险峻的景点时,众多游客争相拍照,导游吴某未提示大家注意安全。在拍照时,尚某被同团游客赵某撞下陡坡将脚摔伤,后经治疗痊愈,她在治疗期间发生的医药费等费用应该向谁索赔?问:游客被团友撞伤应向谁索赔?

专家解析:

依据最高人民法院《关于审理人身损害赔偿案件适用法律若干问题的解释》第6条规定:"从事住宿、餐饮、娱乐等经营活动或者其他社会活动的自然人、法人、其他组织,未尽合理限度范围内的安全保障义务致使他人遭受人身损害,赔偿权利人请求其承担相应赔偿责任的,人民法院应予支持。因第三人侵权导致损害结果发生的,由实施侵权行为的第三人承担赔偿责任。安全保障义务人有过错的,应当在其能够防止或者制止损害的范围内承担相应的补充赔偿责任。安全保障义务人承担责任后,可以向第三人追偿,赔偿权利人起诉安全保障义务人的,应当将第三人作为共同被告,但第三人不能确定的除外。"本案中,赵某不慎将尚某撞下陡坡摔伤,属于第三人侵权,应该由赵某本人承担赔偿责任,旅行社的导游吴某未尽到安全提示义务,存在过错,应当在能够防止或者制止损害的范围内承担相应的补充赔偿责任。

专家支招:

类似案例中,应根据第三人侵权程度及旅行社在具体情况下是否尽到安全保障义务来判断第三人和旅行社的责任分担。同时本案中由于吴某是旅行社的员工,其在履行职务行为时发生侵权事故,应该由该旅行社承担相应的侵权责任。因此,尚某作为游客可以要求赵某和该旅行社承担赔偿责任。

47.受害人有过错能减轻侵权人责任吗?

案例:

某市昌平区小汤山镇某村东垃圾坑所在位置原来有一条水渠,由于常年有人在此盗采砂石,逐年累月形成了大坑。2010 年 5 月的某一天,于老汉在该处捡拾垃圾时不慎跌入垃圾坑内,由于坑内有积水,于老汉不幸溺水死亡。因此于老汉的兄妹将某某市昌平区小汤山镇某村委会告上法庭，要求其支付丧葬费、打捞费、死亡赔偿金、精神损失费等共计8.9万余元。于老汉兄妹认为，由于村委会没有在垃圾池周围建造安全防护设施才导致了此次事故的发生，于老汉生前没有结婚也没有收养子女，他们因此次事故，支付的打捞和丧葬等费用，应当由被告承担。那么，于老汉对自己死亡的过错能减轻被告的责任吗？问：受害人有过错能减轻侵权人责任吗？

专家解析：

依据最高人民法院《关于审理人身损害赔偿案件适用法律若干问题的解释》第2条规定："受害人对同一损害的发生或者扩大有故意、过失的，依照《民法通则》第131条的规定，可以减轻或者免除赔偿义务人的赔偿责任。《民法通则》第131条规定，受害人对于损害的发生也有过错的，可以减轻侵害人的民事责任。"本案中，于老汉作为具备完全民事行为能力的自然人，应当充分意识到无人管理的垃圾坑所存在的潜在风险，于老汉无视风险，在此处捡拾垃圾不慎跌入有积水的垃圾坑，导致意外的发生，于老汉对自身死亡的结果应当承担主要责任。被告作为昌平区小汤山镇某村有义务妥善管理辖区范围内土地的合理使用，在他人未经允许的情况下对所在辖区范围内的土地进行破坏时，被告有义务采取相关措施。于老汉溺水死亡的垃圾坑虽非被告所挖设，但该垃圾坑非一时形成，被告常年疏于对该土地的妥善管理是导致垃圾坑形成的主要原因，因此对于老汉的死亡也存在一定过错，应承担此次事故的次要责任。最终，法院酌情认定于老汉承担此事故责任比例的80%、被告村委会承担此事故责任比例的20%，判决村委会承担于老汉打捞费、丧葬费及死亡赔偿金等共计 1.5 万余元。

专家支招：

在受害人存在过错时，侵权人并不能免除责任，只是依据最高人民法院《关于审理人身损害赔偿案件适用法律若干问题的解释》第 2 条的规定可以在受害人过错范围内适当免除责任而已。因此对于侵权行为人的次要责任，受害人有权予以追究。

48.轿车突然从路旁驶出摩托车手"吓倒"摔残疾谁之责？

案例：

2012 年 1 月 15 日中午 11 点多，刘先生从季景路近夏碧路一地下车库开车出来，在经过非机动车道进入机动车道时，顾先生骑摩托车正好也路过那里。眼看就要撞上，顾先生紧急刹车避让，结果摔倒受伤。刘先生觉得自己的车并没有碰到顾先生，这事儿跟自己没关系，于是不顾顾先生阻拦，驾车离开了现场。顾先生只好向警方报案，并通过监控录像找到了刘先生。后来，交警部门认定，这起事故中刘先生承担全部责任，顾先生没责任。经司法鉴定，顾先生因事故导致右髌骨粉碎性骨折，右膝关节活动受限，构成十级伤残。由于刘先生的轿车在保险公司投保了机动车交通事故责任强制保险，顾先生因此将刘先生和保险公司告上法庭，要求赔偿医疗费、残疾赔偿金、精神损害抚慰金等共计 13.3 万余元。对这些款项,保险公司在交强险范围内承担赔偿责任,精神损害抚慰金优先赔偿,不足部分由刘先生承担。对此,刘先生强调,自己的车并没有撞到顾先生,对责任认定无异议,同意对超出交强险部分依法承担赔偿责任。保险公司也认为,公司承保的车辆并未与顾先生碰撞,本起事故不构成交通事故,不同意在交强险范围内依法承担赔偿责任。最终,法院判决保险公司赔偿 10 万余元,刘先生赔偿 5459 元。问:轿车突然从路旁驶出摩托车手"吓倒"摔残疾谁之责?

专家解析:

本案中,刘先生是否对顾先生承担责任要根据一般侵权行为的构成要件去考量,两车相遇时顾先生遇情况刹车失控倒地,他受伤与刘先生驾驶不当具有因果关系,交警部门出具的道路交通事故认定书,认定刘先生承担事故全部责任。本案中,由于刘先生承担事故全部责任,作为车辆的交强险保险人,保险公司应在交强险范围内承担赔偿责任,不足的部分,由刘先生承担。

专家支招:

交强险全称是"机动车交通事故责任强制保险",是由保险公司对被保险机动车发生道路交通事故造成受害人（不包括本车人员和被保险人)的人身伤亡、财产损失,在责任限额内予以赔偿的强制性责任保险。交强险是中国首个由国家法律规定实行的强制保险制度。实行的是"无过错责任"原则,即无论被保险人是否在交通事故中负有责任,保险公司均将在内予以赔偿。故类似案件中,只要能认定损害事实与损害行为间存在因果关系就可以要求保险公司在交强险范围内担责,不足部分由侵权人承担补充责任。当然,如果侵权人还投保了第三者责任险,则可以作为交强险的补充承担补充责任。

49.顾客超市购物被购物车撞伤谁赔偿?

案例:

蒋女士在杭州某超市购物走下坡道时,被后方顾客滑落的购物车撞伤。后因三方调解不成,为此,蒋女士将撞伤自己的魏老先生夫妇和该超市诉至法院,要求二者赔偿自己的各项损失共计3万余元。被告魏老先生夫妇答辩称,坡道地面是水泥的,特别滑,没拽住车碰到原告。后来他们把原告送到医院,还支付了医药费和急救费,因此,不同意原告的诉讼请求。被告超市答辩称,对原告受伤表示同情。坡道是正常使用的,原告受伤是因第三人造成的。原告主张超市未尽到安全保障义务,就应该就此举证。因此,不同意原告的诉讼请求。问:顾客超市购物被购物车撞伤谁赔偿?

专家解析:

消费者在超市购物,超市作为提供经营服务的主体,应为消费者提供优质、高效、安全的服务,消费者也应尽到合理的注意义务,保障他人及自己的人身安全。其设置的坡道不能避免装载较多物品的购物车在下坡时不会发生车辆失控的情形,但却放任这种安全隐患的存在,且超市也未能举证证明事发时已进行过明显的安全提示，所以其对损害的发生也有一定的过错。魏老先生夫妇均已年过七旬，体力有限，其在购物时应量力而行，不应一次性购买超过自己运送能力的物品。事发时，其购物车内放有一桶油、四斤水果糖和三个面包，货物数量较多，且体积偏重，下行时容易发生购物车失控现象，故应对原告所受的损害承担一定的赔偿责任。因此，法院最终支持了陈律师意见，酌定魏老先生和超市之间的责任比例为7:3，判决二者赔偿蒋女士各项损失共计2.7万余元，驳回了蒋女士的其他诉讼请求。

专家支招：

类似在商场、超市中未尽到安全保障义务的案例在现实生活中比较多见，消费者一旦受到类似损害应积极与直接致害人及商场超市沟通如达不成协议可以向侵权人及商场、超市提起诉讼，商场、超市往往承担的是补充责任。

50.打篮球时被撞骨折，谁担责？

案例：

闸北区某中学利用午休时间组织学生参加"欢乐操场"篮球活动，校方还特意安排多名老师在现场巡视确保安全。当同学们玩得正欢时，意外发生了，小袁在高速运球中撞到了小马，小马又撞到身后的小曹，小曹当即倒地不起。老师立即将小曹送往医院救治,通知家长,并垫付诊疗费3000元。经诊断,小曹左肱骨近端骨折。历经一年两次手术,小曹的父母花去医疗费及其他相关费用1.6万余元,术后孩子的腿上还留下一道长长的疤痕。小曹对小袁、小马和学校提起了诉讼要求校方承担未尽到教育、管理职责和注意、保护义务的赔偿责任,而直接致害的两名同学应承担连带赔偿责任。对此学校辩称,校方在课余时间组织"欢乐操场"活动,管理严格周到,事先也曾告诫学生注意安全。发生这一事故纯属意外,非校方所能掌控。出于对受伤同学的关心慰问,他们自愿补偿小曹3000元。小袁、小马也对同学受伤深感难过,但认为他们的行为属"合理冲撞",并无过错。那么对于这一后果,学校和两名"肇事"学生小袁、小马该担何责? 问:打篮球时被撞骨折,谁担责?

专家解析:

涉案伤害事故的发生,缘于篮球运动中的肢体碰撞。根据多名在场同学的描述,事发时小袁运球向前,小马被撞后惯性后退,小曹被动倒地。三人的动作行为均未超出篮球运动的规则范畴。且小袁、小马均无伤害他人的故意,亦不存在重大过失,小曹受伤应属意外伤害事故,三名同学均无过错。学校也的确尽到了教育、管理职责,致害结果与校方行为间并不存在因果关系,校方亦无过错。而基于公平原则的考量应由各方当事人分担民事责任。至于如何分担,则应根据原告的受损程度、医疗费用的合理性以及各方当事人的经济状况等酌情确定。因此,法院判决由小袁、小马分别承担50%和30%的赔偿责任,小曹自担20%的损失,准许学校自愿补偿3000元。

专家支招：

处理此类案件主要根据最高人民法院《关于人身损害赔偿的司法解释》第 7 条规定：对未成年人依法负有教育、管理、保护义务的学校、幼儿园或其他教育机构，未尽职责范围内的相关义务致使未成年人遭受人身损害，或未成年人致他人人身损害的，应当承担与其过错相应的赔偿责任。同时，我国《民法通则》第 132 条规定：当事人对造成损害都没有过错的，可根据实际情况，由当事人分担民事责任。

51.放任 17 岁儿子驾车上路酿成车祸父母担责吗？

案例：

2013 年 2 月 13 日中午，17 岁的小峰驾驶一辆无牌摩托车，由桂平往油麻镇方向行驶途中，超车时与李桂军（化名）在对向开来的小轿车发生碰撞，致使两车不同程度损坏，小峰自己也受了轻伤。事故经桂平市公安交警大队处理，认定小峰负事故全部责任，李桂军不负事故责任。而且，小峰驾驶的无号牌摩托车未投保有交强险。那么小峰的父母需要对事故承担责任吗？问：放任 17 岁儿子驾车上路酿成车祸父母担责吗？

专家解析：

小峰的父母作为小峰的法定代理人明知儿子未满十八周岁，仍同意其驾驶无号牌摩托车上路行驶,其行为存在明显过错,故应当对事故造成的经济损失承担连带赔偿责任。事故发生时,小峰属于限制民事行为能力人,其造成他人损害,依法应由其监护人承担赔偿责任。小峰有财产的,先从其财产中支付赔偿费用,不足部分由监护人赔偿。因此,法院判决小峰及其父母赔偿李桂军车辆维修费、停车和施救费共计 5618 元。

专家支招:

近年来,未成年人无证驾驶造成交通事故的现象增多,广大家长,要加强对未成年人的管教、约束,切勿让未成年人驾车上路,以消除交通安全隐患,避免悲剧的同时,也避免侵权责任的产生。而一旦产生本案中的情形则监护人就需要对事故造成的经济损失承担连带赔偿责任。

52.精神病人出走不幸溺亡,谁来承担责任?

案例:

2012 年 11 月 21 日,原告周某的配偶李某因患广泛性焦虑症入住被告某市康复医院医治。2012 年 11 月 23 日,原告周某因事外出向护士请假,在此期间患者李某出走,医护人员毫无察觉,等原告周某返回时,已不知李某去向。周某立刻报告医院,但医院却未采取任何措施寻找。

2012年11月25日,原告接到公安机关通知,李某于某市武陵大道穿紫河中溺水死亡。事故发生后,被告医院百般推诿,拒不承担责任。原告认为精神科专科不同于其他普通医院,患者一经入院,其监护责任就转移至医院,更何况被告收取了原告监护费用,被告作为精神科专科医院,理应根据精神病患者的特殊性预见其出走、自杀等各种危险性,并应当加强巡视,尽到监护职责,因被告的疏忽大意行为,酿成这起悲剧,被告对李某的死亡负有不可推卸的责任。因此,请求依法判令被告赔偿原告死亡赔偿金、安葬费、医疗费、精神抚慰金等各项损失202500元,并承担该案诉讼费。那么,责任究竟有谁来承担呢?问:精神病人出走不幸溺亡,谁来承担责任?

专家解析:

公民的生命健康权受法律保护。患者李某到被告处就诊,被告作为专业精神科诊疗机构,其医护人员在履行诊疗义务时应当尽到应尽的审慎的注意义务,在患者住院期间对患者负有一定的管理责任,对患者的管理也是医疗行为的一部分。2012年11月21日,医院根据李某的病情及家属的意见安排其在开放式病房接受治疗,其目的是为了避免封闭管理带来的消极作用,有利于患者的康复。由于精神科患者的特殊性,被告康复医院作为精神病诊疗专门医院,应当具有与普通病院不同的专门的监督、看护和安全管理职责,特别是对开放式病区的精神病患者应当具有高度的注意义务和安全保障义务。该案中,患者李某在陪护人员请假外出时出走溺水死亡,李某在入院时即被诊断为广泛性焦虑症,且在诊疗过程中医方已告知家属患病者有自杀倾向,但康复医院在治疗过程中未能尽到高度注意义务,存在着疏忽大意的过失,据此,被告康复医院的诊疗行为与李某出走溺水死亡后果之间的存在因果关系,应承担相应责任。原告周某明知李某患有广泛性焦虑症,其作为监护人,无论李某在住院期间还是日常生活中,均负有监护责任。且在李某入院时,康复医院与原告某签订了《精神科开放病室入院协议书》及发布了《康复医院开放式病区基本管理制度》,并向周某告知根据病情需要,在李某住院期间需要家属 24 小时陪护等情况,周某作为具有完全民事行为能力的人对此应当是明知的。因此,在李某住院期间,其监护责任仍应当由其家属周某来承担,原告周某对患者李某的人身安全和行为具有监督和保护责任,故原告周某疏于监护而造成李某出走死亡,亦应承担相应责任。最终,对于责任的划分,法院酌情认定为康复医院承担 50%的责任,原告承担 50%的责任。最终,法院判决被告医院向原告赔偿各项损失 9 万余元。

专家支招:

近年来,医疗纠纷案件不断增多,除了因具体医疗行为引发的医疗事故案件以外,医院因疏于安全管理造成的医疗事故以外的人身损害案件也大量出现,医院对安全保障义务所采取的实际措施或者不作为行为如果符合法律法规规章及操作规范的要求,一般可认为医院履行了安全保障义务,否则,应视为没有履行安全保障义务。如果法律法规规章操作规范没有规定,医院的安全保障义务也应达到通常善良人的一般程度。医院安全保障义务的主要内容包括两个方面:一是设施方面的安全保障义务,医院对其所控制范围内的建筑物,运输工具,仪器设备,病房空气,电梯及扶手,营养食堂,地板地面,电源开关,配电室,厕所地面等要妥善保管,定期检查,随时维护,保障其始终处于正常的运行状态,不留隐患。二是人方面的安全保障义务,医院应对基于正当理由进入其场所的人员保障不受第三人伤害,保障对象不限于患者,同时医院必须对其控制场所内的潜在危险情况要有相应的预警机制，具体措施包括警告，指示说明，告知和保护。

53.男孩儿意外坠楼身亡，众玩伴承担补偿责任吗？

案例：

2012年9月8日下午2时左右，原告之子欧某（9岁）与第一、二、三被告人杨某（11岁）、钟某（10岁）、付某（10岁）到第四被告人黎某家的楼房隔热层玩耍，欧某想从隔热层窗户爬到顶楼玩耍，于是两手抓着窗户爬出去，此时窗户断裂，欧某随即滑下，并用左手抓到窗户外面的水泥边，几秒后欧某手松并坠落身亡。问：男孩儿意外坠楼身亡，众玩伴承担补偿责任吗？

专家解析：

事发时第一被告人杨某年仅11岁，属限制民事行为能力人，第二、三被告人钟某、付某尚不满10周岁，属无民事行为能力人，且原告并未提供充足证据证实第一、二、三被告人对原告之子的死亡存在过错，因此应认定第一、二、三被告人对原告的损害没有过错。本案事发地点系隔热层，事发楼房系第四被告人黎某家私人财产，并非公共场所，隔热层亦非公共空间，原告之子欧某意图爬窗户至顶楼玩耍的行为，第四被告人黎某显然难以预见，原告之子欧某的行为已超出善良管理人的注意义务，故第四被告人黎某对原告的损害没有过错。事发时，原告之子欧某未满 10 周岁,属无民事行为能力人,危险预见、控制能力不足,事故的发生实属意外事件。本案中第一、二、三、四被告人虽无过错,但其行为与原告之子欧某的死亡之间存在一定的事实上的联系,从平衡双方当事人利益出发,同时由于第一被告人属限制民事行为人,第二、三被告人属无民事行为能力人, 三者对原告所承担的责任应由其各自的监护人承担。因此,一审判决第一被告人杨某的法定代理人卢某、第二被告人钟某的法定代理人刘某、第三被告付某的法定代理人杨某、第四被告人黎某各支付原告补偿款计人民币一万元。

专家支招:

近年来,儿童玩耍出事故屡见不鲜,一方面家长要注意对儿童的安全意识教育和行为管理,另一方面,再出现类似事故时应根据孩子的年龄大小及监护人是否尽到《侵权责任法》第 32 条规定的监护义务来划分各自的责任承担。

54.酒后开车捎朋友车损人伤是否负全责?

❖   ❖   ❖

案例:

2012 年 12 月 9 日,黄某酒后驾驶其所有的小轿车搭乘朋友胡某沿某市常德大道由东向西方向行驶。21 时,当车行至某市鼎城区灌溪镇汤家坪村圆盘路段时,迎面一辆货车逆行灯光照射较强,黄某驾车在无法看清前方路况时未减速停车,车辆直接冲向货车,造成黄某与胡某受伤以及小轿车几乎报废的交通事故。交警部门认定,黄某负事故全部责任,胡某无责任。事故发生后,胡某住院治疗 37 天,医药费近 5 万元。其伤情经法院鉴定已构成拾级伤残。胡某经济损失达 13 万多元。黄某自己疗伤开支 2 万多元。双方经交警部门调解未果,胡某诉至法院,要求黄某赔偿经济损失 136000 多元。问:酒后开车捎朋友车损人伤是否负全责?

专家解析:

黄某酒后驾驶致判断反应能力下降是事故发生的根本原因,其行为违反了《中华人民共和国道路交通安全法》第 22 条的规定,应该承担事故的全部责任。据此,法院依法判决黄某赔偿胡某经济损失 136800 元。

专家支招:

开车送朋友回家本是好事,但酒后驾车行为本身就是违法行为,极有可能造成交通事故同时威胁其他行人、自己和搭车人的生命健康。因此,依据《中华人民共和国道路交通安全法》第 22 条的规定承担责任。

55.搬运工在顶高车厢上工作,不慎摔伤谁来 承担责任?

案例:

2011 年 7 月 16 日,原告廖某某等六人在被告聂某某所驾驶的赣

D28102 号货车车厢里为他人卸水泥,在搬运水泥过程中,被告聂某某为图方便省力,直接发动车辆将车厢顶起,致使廖某某与车上水泥同时滑落车下,廖某某被水泥砸伤。廖某某受伤后被及时送往新干县人民医院治疗 8 天,用去医疗费 10368.10 元。经医生诊断,廖某某左股骨粗隆间骨折,入院后行切开复位内固定手术及消炎支持治疗。2012 年元月 4日,经新干诚正司法鉴定中心出具鉴定意见:廖某某的损伤依据《职工工伤与职业病致残等级》有关条款规定属九级伤残,后续治疗费 5000元人民币。2013 年 3 月 5 日,司法鉴定中心依据《道路交通事故受伤人员伤残评定》标准重新对原告廖某某的伤情进行鉴定,鉴定意见为:伤残十级,后续治疗费(取钢板螺丝钉内固定费用)根据实际治疗费凭医院正式发票予以认定。

事发后,聂某某支付廖某某有关费用 5000 元,双方为其余赔偿事宜协商未果。为此,廖某某遂向法院起诉。另查明,聂某某的肇事车赣D28102 号货车于 2011 年 4 月 20 日向中国人民财产保险股份有限公司新干支公司投保了交强险及商业第三者险,不计免赔率等险种,保险期间自 2011 年 4 月 23 日至 2012 年 4 月 22 日,其中商业第三者责任保险的责任限额为 30 万元。廖某某遂将该保险公司一起告上法庭。在庭审中,保险公司辩称此起事故没有经交警部门处理,没有交通事故责任认定书,不属于交通事故,而且廖某某当时人在车厢上,也不属于"车上第三人",不符合交强险及商业险的理赔范围,拒绝理赔。问:搬运工顶高车厢搬水泥,不慎摔伤谁来承担责任?

专家解析:

根据《中华人民共和国道路交通安全法》第 119 条第 5 款规定:交

通事故，是指车辆在道路上因过错或者意外造成人身伤亡或者财产损失的事件。装满水泥的货车当时停放在道路上，原告廖某某在卸水泥的过程中与司机聂某某主观上均存在过错，在车厢顶起时被倒塌的水泥推下车厢倒地而被砸伤，与上述条款的规定相吻合，故本案构成交通事故。至于当事人索赔时是否提交事故认定书，并无法律强制性规定，亦不影响交通事故的认定。廖某某被倒塌的水泥推出车外摔倒在地而被砸伤，廖某某已脱离肇事车辆，其已从"车上人员"转化为"第三者"，故被告人民财保新干支公司依法应在保险限额内赔偿廖某某的相关损失。鉴于原告廖某某在车厢被顶起时，亦应知晓水泥可能会倒塌对自己造成伤害，却未主动要求下车规避风险，主观上亦具有过错，对自身的损失应负担部分责任。故此，法院对该起机动车交通事故作出了一审判决，被告中国人民财产保险股份有限公司新干支公司赔偿原告廖某某医药费、误工费、护理费、交通费、残疾赔偿金我、精神损害赔偿等各项损失共计 36237.10 元；原告廖某某返还被告聂某某先行支付的赔偿款5000 元；原告廖某某的其他诉讼请求不予支持。

专家支招：

此类案件多发生在施工现场，在具体认定中应重点注意交通事故的认定以及交强险中第三人的范围标准以准确索赔。在判断是否属于车上人员时，不可机械地理解，不能认为曾经坐过此车的人受到损害时就属于车上人员所受的损害。一般认为，车上人员所受损害，是指在发生损害时受害人是否正在车上。比如车辆与其他车辆相撞车上人员受害或死亡，这便属于车上人员受损害。

56.助人为乐帮忙取钥匙不慎摔伤谁担责?

案例:

原告向某和被告陈某是同事关系，两家人平日里关系不错,2008年11月16日中午,因被告陈某将钥匙遗忘在家里无法进门,就找到原告帮其进家取钥匙,原告应被告要求沿一楼阳台防护网爬上原告二楼宿舍阳台,当原告将爬到二楼阳台时,由于原告抓的排水塑料管道突然折断导致原告摔下倒地,造成原告右胫腓骨下端粉碎性骨折及右小腿软组织挫裂伤,原告受伤后住院治疗。2009年12月30日经司法鉴定,评定原告伤残程度符合十级伤残。原告与被告协商未果后诉至法院要求赔偿各项经济损失10万余元。问:助人为乐帮忙取钥匙不慎摔伤谁担责?

专家解析:

原告应被告的请求,从一楼爬到二楼宿舍帮取钥匙,是帮忙的人自愿无偿地为被帮者提供劳务、被帮者不予拒绝的事实行为,双方之间不要求任何形式的直接报酬,因此双方形成了义务帮工的法律关系。根据最高人民法院《关于审理人身损害赔偿案件适用法律若干问题的解释》第2条规定:受害人对同一损害的发生或者扩大有故意、过失的,依照民法通则第131条的规定,可以减轻或者免除赔偿义务人的责任……;

第14条规定:帮工人因帮工活动遭受人身损害的,被帮工人应当承担赔偿责任,被帮工人明确拒绝帮工的,不承担赔偿责任;但可以在受益范围内予以适当补偿……。原告在为被告爬上楼取钥匙过程中不慎摔伤,被告依法应承担民事赔偿责任。而原告是具有完全民事行为能力的成年人,知道徒手爬楼的危险性,因过于自信且未尽合理注意义务,在攀爬时抓握塑料排水管道,整个身体重量由易碎易折断的塑料管承重,导致事故的发生,原告本身在帮工活动中存在重大过失,应减轻被帮工人的赔偿责任。因此,判决由被告承担 60% 的民事赔偿责任,原告自行承担 40% 的民事责任。

专家支招:

该案原、被告之间形成了义务帮工关系,对于原告因帮工造成的经济损失,被告应承担主要赔偿责任,原告本身存在重大过失,可以减轻被告的责任。因此,在此类案件中帮工人与受助人应按照各自的责任程度承担相应的责任。

57.火灾致租户财产受损出租方物业承担责任吗?

案例:

某市五一路做家具生意的覃某为方便存放货物,向店面附近的某小区租了两间平房,用于存放未出售的木质家具和床垫。生意一直做得顺顺当当的覃某没想到,2012 年 1 月 23 日,小区内发生火灾,共烧毁砖木结构民房7间,自己租用的两间在其中,起火部位为相邻一租户房间背面靠近窗口的位置,火灾烧毁了覃某存放在民房的家具。2012年2月,南宁市江南公安消防大队作出火灾事故认定书,火灾原因认定为:该起火灾不排除电器故障和燃放烟花爆竹引起。覃某认为,物业公司作为小区的管理人,没有履行小区范围内的安保义务,维护好小区的管理秩序,防患火灾的发生,而且在火灾发生后,也没有及时进行有的处置,给覃某造成巨大的经济损失。

2012底,覃某将物业公司起诉至江南区法院,请求判令物业公司赔偿覃某经济损失11万余元。物业公司辩称,其对覃某主张的火灾财产损失不应承担赔偿责任。火灾事故并非物业公司所为,覃某对火灾所造成的损失负有责任,其明知房间并非标准仓库而用于存放货物,且其没有看护货物,也未采取措施。物业公司对小区已尽了管理义务,物业公司没有保管覃兵货物的义务,因此,物业公司依法不应承担火灾损失的赔偿责任,且覃某主张的货物损失数额没有合法依据。问:火灾致租户财产受损出租方物业承担责任吗?

专家解析:

物业公司作为该小区的物业服务企业,其应根据《物业管理条例》的有关规定做好小区的安全防范工作,但物业公司将不具备存放易燃物品条件的砖木结构平房出租给覃某放家具,该小区内发生火灾事故致覃某存放的家具被烧毁,物业公司作为物业服务企业在小区安保工作上确实存在瑕疵,理应在其过错范围内对覃某的损失承担相应的赔偿责任。覃某作为家具的经营者,其应知晓木制家具属易燃物品,但其依然租赁不具备存放易燃物品条件的砖木结构平房存放家具等,且覃某在火灾事故期间并不在现场,疏于管理,其自身有过错,应对其家具的损失承担主要责任。最终,法院综合考量双方过错情况和责任比例,确定覃某和物业公司分别承担 70%、30% 的责任。判决,物业公司向覃某赔偿财产损失 2 万元。

专家支招:

物业公司为增加收入,将所管理小区闲置房屋出租时要注意尽到安全防护义务,本案中的物业公司未尽到防护义务将不具备存放易燃易爆物品的普通房屋用于此用途而埋下安全隐患。但作为租户在使用房屋过程中也有按房屋条件使用的义务,像本案中的原告明显未尽此义务。故应当在各自的责任范围内承担不利的法律后果。

58.车祸中十字绣受损,请求赔偿修复费能获支持吗?

案例:

2013 年 1 月 20 日,原告驾驶轿车行驶至房山区韩村河镇某路段时,适逢被告王某驾驶轿车逆行至此,与原告的车辆相撞,造成原告车辆及车上物品损坏。经房山公安交通支队万宁大队处理,认定王某负事故全部责任,原告无责任。故原告刘某诉请法院判令被告王某赔偿修车费 2000 元、车上物品十字绣一副(修复 600 元)、苹果一箱(价值 70 元)、牛奶一箱(价值 42 元),共计 2712 元。被告王某辩称,对事故发生的经过和责任认定无异议。车上十字绣确实有损坏,对修复费 600 元无异议。没有牛奶和苹果损坏,不同意赔偿。王某已支付了 2000 元修理费给汽车修理厂,取车的时候原告自己又支付了 2000 元。另外,事故车辆在保险公司投保了交强险,保险公司应在保险限额内予以赔偿。对原告合理的损失王某同意赔偿。王某与刘某发生的交通事故,公安机关交通管理部门作出王某为全部责任、刘某无责任的事故认定,双方当事人均无异议。问:车祸中十字绣受损,请求赔偿修复费能获支持吗?

专家解析:

根据《中华人民共和国道路交通安全法》第 76 条的规定:机动车发生交通事故造成人身伤亡的,由保险公司在机动车第三者责任强制保险责任限额范围内赔偿,不足部分由有过错的一方承担赔偿责任。刘某因该事故造成的损失数额,修理费数额,根据修理费发票结合修理费明细表确认。王某认可十字绣在事故中损坏及修复费用的数额故该损害由王某承担。最终,法院认定了上诉事实,但王某否认事故中有牛奶和苹果的损坏,刘某要求赔偿苹果及牛奶损失未提交证据,法院不予支持。

专家支招:

本案中十字绣属于原告所有的物品具有一定的价值,在车祸中被损坏属于财产损失的情况,可以根据《侵权责任法》有关侵犯财产权的规定要求责任人承担赔偿责任。在生活中还有类似案例,受害人在提出财产损害赔偿的同时提出精神损害赔偿的要求,对精神损害赔偿要求是否能够满足就要看被损坏的财产是否具有重要的纪念意义并造成严重后果,否则将得不到支持。

59.车门未关好救护车救人变伤人谁担责?

案例:

2012年2月26日10时20分,阿光驾驶"北京现代"牌轿车在某市西江路金泰美食广场对面路段停车开门过程中,适遇黄先生(阿英的爱人)驾驶电动车搭乘阿英母女至此,轿车的左前门部位与电动车右侧部位发生侧面相撞,造成黄先生、阿英受伤,两车不同程度损坏的交通事故。由于阿英双手抱住女儿,未伤及小孩。

事故经该市公安局交通警察支队鱼峰大队作出道路交通事故认定书认定,阿光承担此事故的全部责任,阿英与黄先生无责任。阿英受伤后,拨打120急救车,某附属医院接到指令后,派出120急救车前往救治,10时40分,救护车赶至现场,将阿英抬上救护车前往医院救治,120急救车行至西江路金泰美食广场对面路段左转过程中,因120急救车车门未关好,阿英从急救车内摔出跌倒在车外地上,造成阿英再次受伤。事故经该市公安局交通警察支队鱼峰大队作出道路交通事故认定书认定,120急救车司机阿荣承担此事故的全部责任,阿英无责任。阿英二次受伤后,被送至某附属医院住院治疗,入院诊断为:阿英头皮血肿,右面部挫裂伤,右肱骨大结节骨折,丙型肝炎。于2012年6月8日出院,住院103天。花去医疗费13129.35元,2012年6月15日阿英再次住院治疗,住院27天,于2012年7月12日出院,入院诊断为:右肱骨大结节骨折，花去医疗费 1175.11 元。两司机为明确责任，阿光、阿荣与阿英于 2012 年 3 月 14 日签订协议书，协议内容如下：阿荣接到 120 急救中心电话，西江路段双龙苑发生一起交通事故，一出租车和电动车发生碰撞，造成阿英头部受伤，在返回途中发生救护车门打开使阿英从后门跌落造成右手臂受伤。该《协议书》约定阿荣承担阿英右手臂伤的治疗费用，阿光承担阿英头部伤的治疗费用。阿英经治疗稳定后对伤情进行司法鉴定。2012 年 8 月 3 日，该市明桂司法鉴定中心作出《司法鉴定意见书》，鉴定意见为阿英损伤右肩部构成八级伤残，某附属医院在诉讼过程中不服该鉴定意见，要求重新进行鉴定。2013 年 1 月 11 日，龙泉山医院司法鉴定所作出《司法鉴定意见书》，司法鉴定意见为，阿英本次车祸导致右上肢损伤伤残程度评定为八级。

　　因被告各方责任不明，双方协商未果，阿英于 2012 年 10 月 10 日将轿车司机阿光、轿车投保的保险公司—某财产保险股份有限公司柳南支公司（以下简称：柳南支公司）、120 急救车司机阿荣、120 急救车所在医院—某附属医院、120 急救车投保的保险公司—某财产保险股份有限公司柳北支公司（以下简称：柳北支公司）诉到该市鱼峰区人民法院，要求上述被告赔偿阿英各项损失共计人民币 184654.9 元，并承担本案诉讼费。问：车门未关好救护车救人变伤人谁担责？

专家解析：

　　原告在第二起交通事故中应属于车上人员。由于交通事故的发生是一个连续的过程，原告从车内跌倒在车外，并未发生车外二次碾压或碰撞，因此不能将事故因果割裂开来分析原告在第二起交通事故中的法律性质，因此，法院认定为车上人员，赔偿属于车上人员险。

专家支招：

两起交通事故对原告造成的伤害程度是可以分出轻重的。原告与被告于 2012 年 3 月 14 日签订的《协议书》系双方当事人真实意思表示，未违反法律和行政法规的强制性规定，是合法有效的协议。根据伤害的部位，医院的诊断，司法鉴定意见是完全可以分出两起交通事故的轻重，因此，法院根据伤害的轻度决定赔偿的份额。承办案件的法官认为，第二起交通事故完全是由司机责任心不强造成的，如果把车门关好、车辆转弯时，速度放慢一点完全是可以避免的。

60.在校学生打架受伤学校担责吗？

案例：

朱某、卢某和案外人梁某、黄某均系英才中学初二(1)班学生。2011 年 12 月 28 日下午 5 点 30 分许，英才中学初二(1)班教室内，突然停电。案外人梁某怀疑卢某拿了其手电筒而与卢某发生纠纷，在朱某和案外人黄某的介入下，两人分开。之后卢某认为朱某帮梁某，追到讲台上将朱某的面部打伤。黄某将朱某送到学校医务室并电话联系朱某的父亲，其后朱某的父亲将朱某送到修水县中医院进行住院治疗。朱某主张其所受损伤系卢某殴打所致，英才中学没有尽到管理职责，卢某某、孙某某在财保修水公司投保了监护人责任险，故诉至法院要求三被告赔偿损失。问：在校学生之间打架，学校是否要承担责任？

专家解析：

在校学生之间打架，学校是否要承担责任要看校方是否尽责，是否有过错。原告朱某和被告卢某均是被告英才中学的学生，被告英才中学对其学校的学生有教育、管理及保障学生人身不受伤害的义务，无论是上课时间与否，只要学生上学期间在其校园内，被告英才中学就无法推卸该义务。且本案事故发生在被告卢某与案外人梁某之间的冲突之后，学校的老师或工作人员本应早发现矛盾并及时制止、教育，从而避免事故的发生，但学校的老师或工作人员未能及时到场采取措施。事故发生后，原告朱某受伤是同学帮助送到校医务室，相关老师只在医务室出现。在原告朱某伤情较严重的情况下，却是同学通知原告的父亲，原告朱某的父亲赶到学校后将原告朱某送往医院治疗，且送往医院过程中，并没有学校的老师或工作人员护送，可见被告英才中学在事件处理、救治、管理上存在严重失误，因此被告英才中学在学生的教育管理和安全保障上存在过错，应承担本案事故50%的责任。鉴于上述情况，故法院作出上述判决，依法由学校承担与其过错相适应的责任。

专家支招：

多年来，未成年学生的人身安全和发生在校园以及学校有关的未成年学生伤害的处理问题，一直是社会关注、家长关心、教育部门担心的重大问题。校园伤害事故也是近年来人民法院受理的侵权案件中常见的案件类型。本案就是一起较为典型的一起校园伤害事故损害赔偿纠纷。最高人民法院《关于审理人身损害赔偿案件适用法律若干问题的解释》第7条规定：对未成年人依法负有教育、管理、保护义务的学校、幼儿园或者其他教育机构，未尽职责范围内的相关义务致使未成年人遭受人身损害,或者未成年人致他人人身损害的,应当承担与其过错相应的赔偿责任。

第三人侵权致未成年人遭受人身损害的,应当承担赔偿责任。学校、幼儿园等教育机构有过错的,应当承担相应的补充赔偿责任。"根据这一规定,我们可以看出,校园伤害事故有如下特点:

(1)校园的范围主要包括幼儿园、学校未成年学生等教育机构。无论是公立还是私立的中、小学校或幼儿园,对在校未成年学生均负有教育、保护义务,是发生校园事故的主要场所。高校在校学生一般均已成年,其在校期间受到的伤害,应按一般侵权处理。

(2)校园事故是发生在"在校期间"的有关事故。在校组织的与教学有关的其他活动期间,如在校上课、出操、开运动会,或者在校春游、参观等,但上学或放学途中、学校放假期间等情形,则不应认定为在校期间。

(3)校园事故的性质是对未成年学生造成认识损害的侵权事件。如果事故仅造成未成年学生的财产损害,而并未造成未成年学生的人身伤亡后果,则应按一般侵权处理。

(4)校园事故中的加害行为人包括教师、教学管理人员、其他学生、校外人员等,当然,在有些情况下,并没有具体的加害人,而是由于自然因素、设施老化、未成年人的特殊体质等原因,也有可能引发校园伤害事故。

学生在校打架学校责任主要看学校有没有过错,学校没有尽责,有过错的应该承担责任。

61.承包期内发包以"以租代征"名义收回承包土地如何担责？

案例：

2011 年 1 月 31 日，吕桥镇政府和狼虎村村委会在事先没召开村民大会，未征得村民意见的情况下，突然决定将村里 250 亩村民承包的耕地以每亩 33000 元的价格转包给某某省某市信诺立兴煤化工有限公司（以下简称"信诺公司"）。承包期限为 30 年，由村委会统一向信诺公司承包，并由村委会与信诺公司一次性结清承包费。而此时，这些被强行收回的土地距离原村民承包期满还有 17 年的时间。为"安抚"村民的不满情绪，狼虎庄村委会象征性的制作了一份《土地协议书》，决定以每亩每年补偿 500 元青苗损失费的价格补偿给被占地村民，且补偿后村委会与村民关于被占土地的承包合同终止，今后村民不能以任何理由阻挠信诺公司在承包土地内正常施工。

据了解，信诺公司成立于 2004 年 6 月，是某某省某市首家建成投产的从事煤化工加工生产企业，其自有工厂占地面积 800 余亩。吕桥镇政府和狼虎庄村委会作出的这一决定，立即引起了狼虎村村民的强烈不满，村民们均拒绝在《土地协议书》上签字，双方一度陷入僵持的状态。后来，收回村民承包土地的行为逐渐演变成了强制征收，铲车、推土机纷纷开进了村民承包的耕地，大量的农作物被铲除。万般无奈之下的村民，只得找到吕桥镇政府的相关负责人要求公开此次征收村民承包的土地，转包给信诺公司使用的批准文件、征地补偿的相关标准等信息，但得到的答复却是此次征地范围内的土地系经由省政府批准设立的工业园区，不属于私自占用耕地。可是，省政府的批准文件又在哪里呢？村民们说，从来没有见过所谓省政府的批准文件，而他们承包的，赖以生产、生活的土地却已经被强制收走了。眼见着承包的耕地被强制收回、一幢幢厂房拔地而起，村民们无能为力，数百名村民陷入了极度的恐慌和无奈之中。问：而今的狼虎村村民，还能靠什么来维护自己被粗暴侵犯的合法权益呢？

专家解析：

在当前非农建设用地需求膨胀和国家确定"18亿亩耕地红线"的矛盾急剧碰撞的大环境下，部分地方政府为谋求短期内经济发展上一个新台阶，类似"以租代征"等迎合部分地方政府在规划外扩大建设用地面积的方式就应运而生了。所谓"以租代征"，实际上就是指通过租用农民集体土地进行非农业开发，是目前规避法定的农用地转用和土地征收审批的一种手段，它一般可使地方政府能在规划计划外扩大建设用地规模，逃避履行耕地占补平衡的义务。而它给被占地村民带来的却是土地被占用而获得的补偿却是少之甚少。在本案中，吕桥镇政府、狼虎庄村委会强行收回村民承包土地并统一转租给信诺公司从事工业生产的行为，实际上就是将农业用地"变身"为非农业建设用地的行为，即变相违法征地、用地，擅自改变土地性质的行为。

在我国，将农村承包地转变为非农建设用地也是有明确规定的。《农村土地承包法》第八条明确规定：未经依法批准不得将承包地用于非农建设。而这里所说的依法批准应当就是要按照《土地管理法》关于"将农业用地转为非农业用地"的法定程序。我国《土地管理法》对征收农用地转变为非农业用地,有着一套规范、统一、完善的审批、实施程序,而这套程序是硬性的规定,是任何地方政府不得擅自变通的。结合本案来看,吕桥镇政府、狼虎庄村委会在整个"以征代租",将农业用地转化为非农业用地的程序存在诸多严重违法行为,具体来讲主要体现如下几个方面:

第一,征地行为审批主体只能为国务院或者省级人民政府。根据《土地管理法》第45条之规定,在我国有权批准征收土地的国务院和省、自治区、直辖市人民政府。对于征用农用地的,还应当先行办理农用地转用手续。然而,本案自始未出现过任何一份相关的批准文件,就连镇政府宣称的"省政府批准的工业区"的相关批文都没露过面。

第二,征收行为实施主体应当为县级以上地方人民政府。根据《土地管理法》第46条之规定,国家征收土地的,依法定程序批准后,由县级以上人民政府予以公告并组织实施。然而本案中自始至终既未出现过相关的批准公告,连实际执行的也仅是镇政府和村委会,县级政府自始都未露面,试问如此大的举动,县级以上人民政府怎能如此放心呢?

第三,征收补偿安置方案应依法公告并广泛征求村民的意见,《土地管理法》第47条、第48条和第49条明确了对于征收集体所有的土地应当遵循补偿标准统一、公开、透明的原则,而本案中狼虎庄村村民承包的土地被大规模收回并被转租给信诺公司从事非农业建设的补偿标准既未公告也未征求过村民的意见,一切做法都是独断专行,仅按照每亩每年补偿500元青苗费的做法显然是很不合理的。

专家支招:

农村土地承包经营权,是指农村土地承包人对其依法承包的土地享有占有、使用、收益和一定处分的权利，是反映我国经济体制改革中农村承包经营关系的一种新型物权，农村集体经济组织成员承包土地的权利受到法律的保护，任何组织和个人不得侵犯。农村土地的发包方（一般指村民集体经济组织或者村委会）应依法承担维护承包方的土地承包经营权，不得非法变更、解除承包合同的义务。在实践中，法律要求发包方承担这一义务亦是维护集体经济组织的稳定性及保护农民生产积极性的客观要求。其实道理很简单，农民承包土地，开展种树、养殖等生产，这些生产均需要经过一定的年限才能获得回报，如果允许发包人随意解除合同，收回土地，无疑对于农民来说是致命打击。

对于发包方在承包期限内擅自决定收回承包土地的行为法律是明令禁止的，《农村土地承包法》第 26 条明确规定，承包期内，发包方不得收回承包地。除法定特殊理由（如该条第三款规定的承包方全家迁入设区的市转为非农业户口的）外，发包方在承包期内不得随意变更、解除承包合同，不得擅自收回、调整承包地。而本案中，狼虎庄村民委员会在承包合同尚未到期的情况下，没有发生任何法律规定可以解除承包合同的事由，擅自决定解除尚有 17 年才到期的承包合同，收回土地，已经严重违反了上述法律规定。此外，《农村土地承包法》对村委会决定将土地承包给本集体经济组织以外的单位或者个人的程序也做了十分严格且明确的规定。该法第 48 条明确规定，发包方将农村土地发包给本集体经济组织以外的单位或者个人承包，应当事先经本集体经济组织成员的村民会议三分之二以上成员或者三分之二以上村民代表的同意，并报乡（镇）人民政府批准。本案中，狼虎庄村委会在事先未按照法定程序征得村民同意的情况下，就擅自作出将集体所有的土地转包给信诺公司的做法明显也是违法的。

62.张贴"讨债书"被诉侵犯名誉权应如何认定?

案例:

　　纳先生与姚女士多年前相识。2000 年纳先生曾向姚女士借款,后失去联系。因纳先生一直未还借款,姚女士于 2007 年 12 月 27 日将书面"讨债书"张贴在纳先生居住的楼道内数十张。内容为:"浩然(纳先生笔名):你于 2000 年之前因称:父母病重需筹款回陕西尽孝,骗得人同情,本人当时倾其所有帮你筹款三千余元。事后多年,你忘恩负义,屡屡更换手机,不但没有一句感谢之言,反而多次拒绝接债主电话,像你这样的人实在少有!!借据在账就在,你如果继续躲避耍无赖,自有办法解决你的问题,希望见信后主动连本带息一次偿还,期限是 2008 年元月 13 日之前。否则,后果自负!!!落款:姚氏债主。"纳先生称,楼内的熟人亲朋都目睹了这些讨债书内容,很快就传开了,人们议论纷纷,特别是他的前妻,看到这情景恼羞成怒,他们夫妻发生矛盾,最终离婚。他作为公司总经理,从此威风名誉一扫而光。姚女士的行为给他造成精神及名誉损失。他将姚女士诉至法院,要求姚女士赔偿名誉及精神损失 8 万元;赔偿家庭破裂损失 3 万元。问:张贴"讨债书"被诉侵犯名誉权应如何认定?

专家解析:

　　表面看来,本案是一个简单的名誉权纠纷案件,但是如果我们只做表面文章,从形式上审查姚女士的"讨债书"是否有侮辱、诽谤等有损纳先生名誉的内容而作为最终定案依据的话,那么无论其最后的判决结果如何,都将失去其重要性。客观地讲,本案中姚女士通过张贴"讨债书"的形式向纳先生讨债的行为确实给纳先生造成了名誉上的贬损——在自家楼道内被张贴的数十张"讨债书"指责为"骗人同情"、"欠债不还"、"忘恩负义"的人,身为总经理的他,"威风名誉一扫而光",社会评价降低应该是可以认定的。但是姚女士也确实是为了长期得不到实现的债权而张贴"讨债书",那么,哪一种利益和价值更需要得到保护呢?

首先,姚女士张贴讨债书是自力救济债权的无奈之举。纳先生于2000年以其父母病重为由取得姚女士的同情,向姚女士借款3000余元,一直未还。姚女士为讨回3000元钱多年奔波,而纳先生为逃避债务屡次更换手机号码,并且拒绝接听电话。作为债权人,八年间债权无法得到实现,从人之常情上讲,姚女士遭受的不仅是物质上损害,还有同情心被人利用和欺骗带来的后悔、懊恼和讨债过程中身体和精神遭到的双重损害。姚女士无法直接向其本人主张债权,她只能用这种方式"逼"纳先生出来和自己见面,故其张贴"讨债书"是自力救济债权的无奈之举。

其次,纳先生名誉受损的根源在于恶意逃避债务。纳先生名誉上受到的贬损并非"平白无故",而是欠钱时间之久,而且使用"屡次更换手机号码""拒绝接听电话"等方式恶意逃避债务,这种行为应当受到善良风俗和诚信社会的谴责,纳先生名誉受损的根源可以上溯为自身恶意逃避债务的行为。

最后,我们对纳先生的诉讼请求进行考察。纳先生的诉讼请求有两项,即家庭破裂损失 3 万元和精神损失 8 万元。首先来看"家庭破裂损失费"。"家庭破裂损失费"的名目于法无据,究其实质,应当是婚姻破裂造成的精神上的伤害。纳先生和妻子的离婚协议书中明确写道"婚后因双方性格、素质修养、文化水平、生活方式和习惯都存在很大差异,经过磨合很难融合,因此双方经常因生活琐事吵闹不休,最终导致双方自愿离婚……"由此可以看出,两人的婚姻破裂并非是因为"讨债书"所致,如果一封"讨债书"就可以导致两人婚姻破裂,更说明两人婚姻已到破裂的边缘,而并不是纳先生在起诉书中所述前妻看到讨债书,双方才发生矛盾,导致离婚。这部分请求无事实依据,下面就 8 万元精神损失费来进行分析。如果纳先生恶意逃避债务,不但没有得到惩罚,反而得到了一笔精神损失费,更多的"纳先生们"将在自己不诚信在先的情况下躲到法律的屋檐下遮风避雨,甚至荒唐地主张名誉权受到侵害,更多的"姚女士们"在债权无法实现的情况下还卷入因为讨债行为带来的诉讼中,这和整个中国社会倡导诚信风尚显然是相悖的,对社会稳定、善良风俗带来的不良影响不可低估。在债权人面对恶意逃避债务人的时候,当他们不是有意或恶意利用这种言论自由伤害他人或有重大过失并从中获利时,即使他们的权利行使损害了恶意逃避债务人的某些利益,也应当受到保障。最终,法院没有支持纳先生的请求。

专家支招:

在涉及名誉权纠纷的案件中,法院遵循怎样一种原则来对冲突的人格尊严和言论自由做出衡量和裁判呢?言论自由是宪法权利,而公民的人格尊严虽然可以上溯到宪法条款,但是仍然主要受民法保护。明确这两项权利的法律渊源,并非想当然的在每个个案中,都能以法理学上"权利位阶"的概念来先验地认定哪个权利更"高级"而优先得到保护,而是必须分析具体案情，在具体语境中比较哪一种权利比另一种权利有更大的被保护的价值。明确了名誉权案件审理的一般原则,本案的核心问题就显而易见了——并非是查明姚女士的讨债书中是否存在侮辱、诽谤等有损纳先生名誉的内容,而在于姚女士作为债权人,自力救济自己受损害的债权、发表某些言论时,她本人主观上无恶意伤害他人名誉权以及相伴的财产权,但在客观上造成了事实上的伤害,是否应当对这种伤害承担责任,应承担多少,什么是恰当的和必要的限制。只有明确了这一问题,我们才能对具体的诉讼请求作出审理。

63.农村土葬纠纷能依据善良风俗要求相关人承担侵权责任吗?

案例:

王某系农村土地承包经营户户主，其土地承包期限为 1998 年 6 月至 2028 年 6 月。2008 年 11 月 14 日,被告游某甲、游某乙、游某丙之母贺某某去世,三被告未经原告同意,将其母安葬在原告的承包地里。原告方与三被告就被告之母安葬一事发生纠纷,经基层人民调解组织多次调解未果,原告诉至法院,请求判决排除妨碍,恢复原状,赔偿损失 2000 元。问:农村土葬纠纷能依据善良风俗要求相关人承担侵权责任吗?

专家解析:

我国虽然提倡火葬多年,但在农村,土葬依然是普遍存在的风俗习惯,国家对此并未强行禁止。本案原、被告间发生的纠纷,就涉及这一风俗习惯问题。《民法通则》第 7 条规定:"民事活动应当尊重社会公德,不得损害社会公共利益。"该规定在法理上被称之为公序良俗,包括公共秩序和善良风俗两个方面的内容。所谓公序,即公共秩序,主要包括社会公共秩序和生活秩序。对公共秩序的维护,在法律上大都有明确的规定,危害社会公共秩序的行为通常也就是违反强行法规定的行为。所谓良俗,即由社会全体成员所普遍认许、遵循的道德准则和社会公共生活准则,它是人们在社会公共生活中应该遵循的基本准则。善良风俗是人们在长期的共同生活中培植形成的道德规范,存在于人们的主观意识里,其约束力的实现只能靠人们的自觉遵守,但它对于调整人与人之间的正常关系、建设社会主义精神文明具有重要的作用。本案涉及的是农村土葬习俗,应该属于善良风俗的范畴。

专家支招:

本案所涉土葬纠纷的一个难点是,被告之母去世并已下葬,按我国民间传统风俗,入土为安是对死去亲人的安慰,也是后世者对亲人的祭奠,一入葬就不能轻易破坏。被告方在原告承包地安葬其母亲的行为,因未能提供充分的证据证明其正当性,实际侵犯了原告依法享有的土地承包经营权,构成了侵权的法律事实。在进行法律救济上若简单依照物权法的相关规定,补救措施就应先恢复原状,据此判决势必搬迁被告母亲的坟墓,这种做法不合常理且不能被大众所理解。一审在对侵权事实予以确认的基础上,认识到了本案法律适用与案件裁决结果合理性的冲突,所以适用善良风俗判决被告赔偿原告损失,对于原告提出恢复原状的诉讼请求未予支持。虽然一审适用了善良风俗进行裁判,但未能平息双方矛盾,没有取得"案结事了"的效果,于是二审增加了赔偿数额。二审法官基于本案丧葬风俗这一特点考虑,认为被告在未经原告同意的情况下将其已故母亲安葬在原告承包地的做法不仅损害了原告承包地的物质收益,更重要的是给原告带来一定的精神压力,故将赔偿数额确定为 2000 元。埋葬亲人占用他人土地虽已构成侵权,但基于埋葬行为具有特殊的道德意义,不宜适用恢复原状的救济措施,应依照善良风俗原则处理,让侵权人对被侵权人予以适当经济赔偿。

64.非共同侵权导致的侵权后果如何承担?

案例:

2009 年 7 月 1 日上午,受害人罗某因自家建房的需要,前往被告王某某夫妇的店里购买钢材。双方协商后,被告王某某即按罗某提供的尺寸用电动剪切机剪切,在剪了一部分后,王某某有事离开叫罗某自己接着切。当日下午一时许,罗某在剪切钢筋时因电动剪切机磨破电线而致电机漏电,罗某当即触电死亡。经查 2006 年 11 月 16 日,被告王某某与某某电力实业有限责任公司签订了一份居民供用电合同,并由其对该居民室内用电线路进行了安装,但未安装漏电保护器。罗某家属钟某某等向该市人民法院起诉,要求王某某及某某电力实业有限责任公司赔偿相关损失。问:非共同侵权导致的侵权后果如何承担?

专家解析:

本案中某某电力实业有限公司在为王某某安装室内照明用电设施

时,尽管材料系王某某自己提供,但作为一个专业电力进网作业机构,却没有提示王某某应安装漏电保护器,对损害后果具有明显的可预见性和可避免性,却未尽其专业领域的知识经验、技术水平相当之注意义务,违反了善良管理人的注意义务,具有抽象的过失。同时,某某电力实业有限公司在2006年为王某某安装室内照明设施与王某某于2009年7月叫受害人罗某自己剪切钢筋,二行为相隔数年之久,确实没有共同的故意和共同的过失,但两个行为间接结合发生了罗某死亡这同一损害后果。某某电力实业有限公司未为王某某安装漏电保护器的行为并不会必然导致罗某触电死亡,而是王某某让罗某直接剪切钢筋时损坏电线而导致罗某触电身亡。王某某叫不具有操作电机技能的罗某帮工,欠缺普通人的注意义务,有重大过失应负主要责任;罗某明知自己不具有操作电机的技能而为之,具有具体轻过失,应自负一定的责任。而某某电力实业有限公司未为王某某安装漏电保护器的行为与罗某之死具有一定的因果关系,为抽象轻过失。该行为与王某某叫罗某帮工的行为间接结合,产生了罗某死亡的后果,罗某因其自身过失自负一部分责任后,剩余损失则应由王某某和某某电力实业有限公司按过失大小和原因力比例来承担各自相应的赔偿责任。

专家支招:

类似此类案例,在举证是要注意以下两方面问题:

第一,本案中某某电力实业有限公司是否具有过失。

《民法》上的过失,就是行为人对受害人应负注意义务的疏忽或懈怠,即对"注意义务"的违反,而构成必要的注意义务,应当具备两个条件:损害结果具有可预见性;损害结果具有可避免性。损害结果是否具有可预见性和可避免性,以行为人是否违反"善良管理人"的注意义务为标准判断。善良管理人的注意,也就是通常情况下一个具有理性的合理人的注意。即行为人应当具有其所属职业,某种社会活动的成员或者某年龄层通常所具有的智力能力。

第二, 没有共同故意或者共同过失的数个行为间接结合发生同一损害后果的,应根据过失大小和原因力比例各自承担相应的赔偿责任。对间接结合的理解应注意这样几个问题:虽然"多因一果"中的多个原因行为的结合具有偶然性, 但这些行为对损害结果而言并非全部都是直接或者必然地导致损害结果发生的行为。其中某些行为或原因只是为另一个行为或原因直接或必然导致损害结果发生创造了条件, 而其本身并不会也不可能直接或者必然引发损害结果。

65.被转让饭店的名称近似影响经营状况的,被侵犯的客体是名誉权还是名称权?

案例:

肖某某经营的个体饭店"城西野味山庄"位于某某省东平县白佛山前。郭某某从事印刷品的广告宣传业务,在东平县城经营《东平商讯》宣传刊物。2007 年 8 月初,与肖某某相邻的另一个体饭店"望山阁食府"的业主张某某因饭店转让找到郭某某,要求在《东平商讯》刊登饭店转让广告,双方约定刊登 1 期,价格 15 元,张某某留下饭店名称和联系电话。2007 年 8 月 23 日,《东平商讯》137 期刊登一条广告信息:"白佛山前野味山庄因工作变动急转,本店装修豪华,设施齐全,有固定客源,电话:13000000000。"电话号码为"望山阁食府"联系电话。肖某某见到《东平商讯》刊登的广告后,以"当时白佛山前名为'野味山庄'的饭店仅肖某某一家、饭店经营状况下降与《东平商讯》的饭店转让信息有关"为由,向东平县法院起诉,要求郭某某和张某某立即停止侵害、消除影响、恢复名誉、赔礼道歉并赔偿经济损失2万元(损失计算以完税收据为凭)。问:被转让饭店的名称近似影响经营状况的,被侵犯的客体是名誉权还是名称权?

专家解析:

本案需要解决的问题有三:原告诉称的被侵害权利的性质;《东平商讯》刊登的转让信息是否侵犯了原告饭店的名称权;本案赔偿责任主体的确定。

第一,关于被侵害客体是名誉权还是名称权问题,首先应看被告的饭店广告中是否包含了贬低原告名誉的内容,原告的名声、信誉是否受到了损害。本案被告刊登的转让信息中只有饭店的基本情况和一个联系电话,没有任何贬低饭店名誉的情形;被告委托、发布转让信息时也不会存有贬低名誉的目的。其次,既然不构成名誉侵权,原告认为转让信息中使用的是其所经营饭店的名称,那么被侵犯的只可能是名称权。

第二,关于原告饭店的名称权是否受到侵害问题,应看《东平商讯》刊登的转让信息中的饭店名称是否足以让社会公众误认为待转让饭店系原告所经营的饭店,即该饭店名称在特定地域具有指向上的唯一性。因《东平商讯》刊登转让信息之时,在白佛山前只有原告一家饭店名为"野味山庄",虽然"野味山庄"也可以是一种经营特色,但该名称经工商登记后,在当时该区域内没有其他名称中包含同样文字的饭店的情况下,"野味山庄"就具备了名称权所要求的特定性。而《东平商讯》刊登的转让信息中所使用的"白佛山前野味山庄",恰恰符合了原告饭店名称的这种特定性,也就侵犯了原告饭店的名称权。

第三,关于本案赔偿责任主体的确定问题,应当分析二被告间的法律关系及过错方可得出正确结论。被告张某某系广告主,而被告郭某某系广告制作和发布者。广告制作是一种加工承揽合同关系,张某某在留下饭店名称和联系电话后交由业主郭某某制作简单的转让广告,其指示行为没有过错;郭某某作为《东平商讯》业主,具有广告经营者的资格,完全具备制作这种广告的能力,张某某在选任定做人方面亦没有过错;而如此简单的广告,也没有审核的必要。郭某某为增强广告的宣传效果,刻意突出待转让饭店经营野味、位于旅游景点白佛山前两大特色,具有为张某某着想的动机,但在未了解该区域的饭店名称、亦未征求广告主意见的情况下,贸然使用"白佛山前野味山庄"的名称,具有主观过失。广告发布是一种委托合同关系,广告主张某某要求广告发布者发布"望山阁食府"的转让信息,该委托事项未侵犯他人合法权益;而郭某某在过失制作广告后将错误信息予以发布,同样是一种过失侵权。由于郭某某在广告制作和发布中的过失行为侵犯了原告饭店的名称权,而张某某没有过错,郭某某应独立承担侵权的民事责任。法院最终判决:被告郭某某在《东平商讯》上刊登向原告肖某某赔礼道歉、为原告消除影响的文章,文章内容应经本院审查;被告《东平商讯》赔偿原告损失800元;驳回原告对被告张某某的诉讼请求。

专家支招:

本案中原告肖某某的饭店字号经工商部门核准登记,依法取得了名称权,应受法律保护。被告郭某某应望山阁食府业主要求刊登店铺转让信息时,应准确刊登转让店铺名称及位置,由于被告郭某某的过失,刊登了与原告饭店名称及地理位置相近的信息，使人们相信待转让饭店系原告经营的野味山庄，致使原告饭店经营产生一定影响，其行为侵犯了原告商号的名称权，应承担民事赔偿责任。但饭店经营效益受地理位置、季节、服务水平等多种因素影响，原告仅以纳税发票来计算饭店损失证明力较低，应根据原告的经营状况以及被告侵权过失程度综合确定。被告张某某让郭某某刊登饭店转让信息的行为无过错，故张某某不应承担赔偿责任。

66.汽车撞伤头部影响高考成绩，法院是否应当判决 赔偿精神损失?

❀   ❀   ❀

案例:

杨某是某中学高三学生，其向法院诉称:2008 年 4 月 24 日 22 时左右，她从学校下晚自习骑车回家，途经海安县海安镇凤山路凤山桥南侧由南向北行驶时，被亦经该路段由南向北行驶的被告黄某驾驶的汽车撞倒受伤。杨某当即被送往海安人民医院急诊治疗，住院观察治疗 5 天后转入院治疗，经诊断，伤情为右颞骨骨折、颅内血肿。杨某认为，事故发生时，正处于高考总复习阶段，杨某共住院 17 天，出院后按照医嘱又休息一段时间，使她失去了宝贵的复习时间，且因为头部受伤，致她高考成绩与平时相差甚远，给她精神上造成极大的伤害。要求保险公司及黄某赔偿医疗费、护理费、住院伙食补助费等合计 1.4 万余元及精神损害抚慰金 5 千元。法院经审理查明，除原告所述基本事实外，2008 年 4

月 29 日经 CT 检查,杨某被诊断为左颞顶硬膜外血肿,医嘱住院治疗。5 月 10 日,杨某在伤情好转后出院,出院诊断为:右颞底局限性脑挫伤、双颞部硬膜下血肿、左颞部硬膜外血肿,医嘱休息一个月。此后,杨某又两次去医院复诊,6 月 10 日医生又嘱咐原告继续休息一个月。经交警部门认定,杨某与黄某负事故同等责任。问:汽车撞伤头部影响高考成绩,法院是否应当判决赔偿精神损失?

专家解析:

本案的最大争议焦点就是杨某提出的精神损害赔偿请求能否获得支持。司法实践中,审理道路交通事故损害和人身损害赔偿案,一般情况下,只有在受害人构成残疾或者死亡的情况下,受害人或其近亲属才可以获得一定的精神损害抚慰金,体现的是一种从严把握的原则。但这并不是绝对的,根据最高人民法院《关于确定民事侵权精神损害赔偿责任若干问题的解释》第 8 条第 2 款规定,因侵权致人精神损害,造成严重后果的,人民法院除判令侵权人承担停止侵害、恢复名誉、消除影响、赔礼道歉等民事责任外, 可以根据受害人一方的请求判令其赔偿相应的精神损害抚慰金。据此,判断侵害生命健康权案件应否赔偿精神损失的标准就是因侵权所致精神损害是否造成严重后果。至于何为严重后果,由于精神损害是受害人的自我感知,难以用客观的标准进行测评,因而司法解释也不可能有一个具体的量化标准。但上述司法解释第 9 条又规定,精神损害抚慰金包括以下方式:致人残疾的,为残疾赔偿金;致人死亡的,为死亡赔偿金;其他损害情形的精神抚慰金。虽然最高人民法院《关于审理人身损害赔偿案件适用法律若干问题的解释》对残疾赔偿金和死亡赔偿金的性质作出了重新规定, 并不包括精神损害抚慰金,但上述规定表明,精神损害造成严重后果,可以获得赔偿请求支持,除受害人残疾与死亡情形外,并不排斥其他情形。法院认为,原告杨某因交通事故受伤,依法有权获得医疗费、住院伙食补助费、营养费、护理费、交通费等损失的赔偿,在交通事故中造成的直接财产损失也有权获得赔偿。但原告主张的各项损失的计算应有相应依据,标准应符合规定。原告作为一名高三在读学生,在高考临近前发生交通事故,且受伤较为严重,虽经留院观察治疗,仍未治疗痊愈,随后住院治疗,出院后,根据医嘱又停学休息一段时间,这必然会给原告的学习、生活、精神带来一定影响,原告要求获赔精神损害抚慰金,符合法律规定,结合原被告的事故责任、原告受伤后果、停学休息时间及学业受影响程度等因素,酌情确定原告精神损害抚慰金为2千元。

专家支招:

本案中,原告杨某的精神损害赔偿请求能否获得支持取决于被告黄某的侵权行为致使杨某所受到的精神损害,有没有造成严重后果?事实上,只要是生命健康权遭受侵害,都可能给受害人造成一定精神损害,无非就是损害后果的严重程度不同而已。法律不可能给严重后果限定一个客观的标准,其实这就是赋予了法官自由裁量权,由法官根据具体侵权行为、造成的后果、双方责任比例、对受害人的影响程度等因素综合考虑确定。本案中,杨某作为一名即将参加高考的学生,在事故中受伤,影响了其宝贵的复习时间,而且由于头部较为严重的受伤,对其全身心地投入复习势必造成一定影响。庭审调查也发现,杨某高考成绩确实与平时存在一定差距。众所周知,高考是一个人一生中最为重要的考试之一,可以说是人生的一个转折点,某种程度上足以改变一个人的人生、家庭、生活,因此,高考复习与成绩受到影响,对于杨某所造成的精神损害也可想而知是很严重的。对一般人而言,造成杨某这样的人身伤害,所造成的精神损害并不能算是严重后果,但审判实践中考虑是否造成严重后果时,并不能机械、呆板地适用同一尺度,也应因人、因案、因具体情况而异。因此,法院结合具体情况酌情判决赔偿原告杨某精神损害抚慰金不仅是合理合法的,也是符合立法旨意的。

67.学生被停课期间在集体水库溺亡责任谁负?

案例:

15 岁的初三学生王某是某学校的美术特长生,由于专业成绩优异被当地的一所重点高中提前录取。学校考虑到王某提前录取,且平时课堂上经常打扰其他同学,便将王某的课桌搬走,但具体如何安置王某并没有明确说明。2006 年 6 月 6 至 6 月 8 日,由于全市高考,学校决定全校放假 3 天,但初三学生由于面临中考,升学压力较大,没有放假。平时住校且只有周末才回家的王某,在没有学校和家长看管的情况下离校玩耍是经常的事,而学校并没有将这一情况和王某家长进行有效沟通,王某家长平时也没有留意王某的表现,或是向学校询问王某的一些情况。6 月 6 日上午,正是补课的第一天,王某跑到村口水库。该水库是本村集体所有和管理,平时用于本村的农田灌溉,水深岸陡,没有设置围栏,且平日无专人看守。王某兴奋地跳进水库游泳,但不幸溺水身亡。悲剧发生后,王某的家长与学校达成协议,学校支付家属 15

万元。事隔一个月,王某的家属一纸诉状将水库所属的村委会告上法庭,表示水库归村委会管理和收益,孩子的死亡是村委会对水库的管理不当所致,理应赔偿孩子死亡的所有费用。问:学生被停课期间在集体水库溺亡责任谁负?

专家解析:

本案中,孩子溺亡的原因在于学校对孩子监管过失和村委会对该水库的管理过失,即学校是对人的安全保障义务过失,另一个是对水库的安全保障措施监管的过失。学校和村委会虽有过失,但是彼此之间并没有共同故意或共同过失,也没有意识相互联络的状态。另外,客观上,孩子的溺亡,缺少任何一方的行为都不会造成悲剧的发生。所以,认定学校和村委会之间承担补充责任不存在任何法理上问题。就补充责任而言,学校和村委会均应负赔偿责任,任何一方承担责任后,没有达到合理的补偿标准,另一方负有补充齐全的责任。双方之间没有内部份额的划分,也没有追偿的问题。

同时,调解是受害人对自己权利的处分,如果调解赔偿足以达到弥补受害人的损失,那么则认为责任人赔偿责任消失,但如果受害人对赔偿数额有异议,则应该支持受害人向任何一方主张赔偿,直到足以赔偿自己的损失为止。所以,在客观上,如果溺亡孩子的家属认为赔偿远远达不到国家规定的赔偿要求,则完全可以向双方责任人要求补齐赔偿数额。如果最后认定调解赔偿的数额正好或是超出赔偿数额的,法院对死者家属再要求赔偿的,应不予支持。至于调解多赔偿的部分,应该认为是当事人对自己权利的处分,没有违反调解的自愿、合法原则。

专家支招：

侵权连带责任是基于共同侵权行为而产生的，损害后果的发生是基于一个侵权行为，数个共同侵权行为人的行为是一个行为；在主观状态上，共同行为人必须具有共同过错，各行为人在主观上互相关联，或是共同故意，或是共同过失，共同过错将每个人的行为连接在一起，成为一个行为；在责任的承担上，行为之间是连带责任，但是在内部有潜在的份额划分，即内部存在求偿权。

补充责任是基于违反安全保障义务而产生的，责任的产生要求损害后果有不同的发生原因，即数个行为人与受害人造成损害的原因是不同的法律事件，不是一个行为而是几个行为，他们之间的责任关系必须基于不同的法律事实而产生；补充责任的数个行为人没有共同的过错，行为人各自具有单一的主观状态，没有任何意思上的联络；在责任的承担上，补充责任的行为人之间不存在内部分担关系，有补充责任的人承担了赔偿责任，有向其他的加害人请求赔偿的求偿权，但是这个权利不是因为分担关系，而是基于最终的责任承担。行为人究竟要承担多大的份额没有限制，而是根据负有直接责任的侵权行为人承担责任的状况决定。本案学校和村委会承担的责任既是如此。此外，监护责任是监护人对无民事行为能力人、限制行为能力的人致害、受害所应承担的法定、无过错的责任。本案死者只有15周岁，是限制行为能力人，家长对孩子负有监护责任。当家长知道孩子被提前录取后，没有注意到孩子的反常行为，也没有和学校及时有效的沟通，对孩子的行为不管不问，实际上也是没有尽到监护责任的体现。所以，对孩子的溺亡家长也应承担一定的责任。

68.美女"博客"互殴是否构成网络名誉侵权?

案例:

　　棉被人和笑楚在数以千万计的网络美女中算是比较知名的两个ID，两人也是网上认识以后成为现实生活中的朋友并在较长的一段时间内交往甚密。2005年某天，因某原因，笑楚在网上贴了一张棉被人的大字报《所谓棉被人———笑楚自述》，文章中，笑楚大揭棉被人的内幕:曾携巨款到韩国整容;虚报年龄和身高;和两位网友上床并接受对方财物及曾被包养为二奶等。后在网上广为流传，短短几天时间，相关网页的最高阅读量就达到了7.9万余次。时隔不久，成为网民关注焦点的棉被人向某某市某某区人民法院提起诉讼，状告笑楚诋毁了自己的名誉，侵害了其名誉权，要求被告恢复名誉、消除影响、赔礼道歉并赔偿其精神损害赔偿金1元。后该案移送某某市某区人民法院审理，2006年12月16日，某某市某区人民法院向笑楚公告送达民事判决书，判决对原告棉被人的诉讼请求不予支持。期间笑楚不断搬家，网上每天见其面，现实生活中却下落不明，法院的开庭传票不能送达，棉被人在新浪博客上天天声讨要求其到法院出庭，后将其博客干脆命名为《破鞋修理站》，变换花样对笑楚进行羞辱。不久笑楚在博客上称，其也已经向法院提出诉讼起诉棉被人侵犯名誉权并已被法院审查后立案。问:美女"博客"互殴是否构成网络名誉侵权?

专家解析:

从侵害名誉权的责任要件来看,该案的侵权事实无疑是存在的:行为人在网上宣扬他人隐私,实施了侵害行为;指向特定的受害人;损害实施存在,即客观上受害人的社会评价受到了贬损,原告的名誉、精神上均受到贬损;行为人主观上有过错。而原告棉被人的诉讼请求未能得到法院的支持,原告败诉的实质在于法院审理过程中对本案被告的无法确定,或者准确地说,是由于被告的不到庭参加诉讼导致办案法官无法确定案件事实最终未支持原告的诉讼请求。由于数字化技术使网络上的证据失去了原始性的特点,对在网上不用真实名字的如何查证真正的著作权人,这给法院证据的认定带来了一定的难度。

专家支招:

该案突出地反映了网络名誉权侵权案件在诉讼证据的保存及管辖权等方面的特殊性。

首先,关于诉讼证据的保存。根据"谁主张,谁举证"的原则,受害人需要对其名誉受侵害的事实举证。在网络侵权中,由于侵权行为是在网络中进行的,这就需要对大量的具有证明作用的网上信息进行固定和保存,但是,网络上侵权言论的保存也由于网络的特殊性而存在着一定的困难。棉被人诉笑楚名誉权侵权纠纷中,在证据的运用中,棉被人首先应该对侵犯其名誉的恶意信息进行公证,这种证据保全方法是有效的。通过公证对信息内容加以保存,是网络侵权纠纷中重要的证据形式,保证了公证后信息的关联性和客观性。而且经过公证的网络信息,赋予了其法律证明的效力,因此它的证明力要比其他形式的证据强。

其次,关于管辖权的确定。对于网络名誉权侵权这一类侵权案件的地域管辖,最高人民法院《关于审理名誉权案件若干问题的解答》中,名誉权案件适用《民事诉讼法》第29条的规定,由侵权行为地或者被告住所地人民法院管辖。最高人民法院关于适用《中华人民共和国民事诉讼法》若干问题的意见里也做了说明:《民事诉讼法》第29条规定的侵权行为地,包括侵权行为实施地、侵权结果发生地。但网络不同于以往传统的地域概念,并没有一定的空间概念。由于在网络名誉权侵权案件中,侵权行为的实施、发生均在网络上,而网络上的言论又是广泛流传的,所以对于侵权实施地和侵权结果发生地的认定有一定的困难。按照民诉法若干意见的解释,侵权行为地包括侵权行为实施地和侵权结果发生地。从网络的特性看,由于侵权行为通过网络来实施,使侵权行为的影响力不断扩大,被告通过其侵权行为侵害了原告的利益,其侵权后果往往在原告所在地最为严重。同时,由于网络的可交互性,被告可以比传统的侵权行为更方便地指向原告所在地。被告的商业行为试图进入原告所在地,侵害原告权利,可以表明其愿意接受原告所在地法院的管辖,或者说被告是可以预见被原告所在地法院管辖的结果的。这些观点在美国一些判例中已有适用。网络侵权行为的影响力更指向了原告住所地,可以考虑将原告所在地作为网络侵权案件管辖地。从案件的涉外因素考虑,网络的全球性不可避免地使侵权案件涉及国外被告,为便于国内原告的诉讼,维护国家的主权,更好地依法保护国家和人民的合法权益,原告住所地法院应当有权管辖。

69.妻子瞒着丈夫做流产是否侵害丈夫的生育权?

案例:

2006年7月5日,被告朱某未经原告同意,擅自到医院将腹中胎儿流产。原告叶某认为被告的行为侵犯了他的生育权,剥夺了他做父亲的权利,并且给他的精神造成了一定的伤害,要求被告赔礼道歉并支付精神损害抚慰金2万元。朱某辩称:流产是因为与原告之间长期的感情不和,使被告对原告及两人共同的未来丧失信心之下的无奈之举。另依据《妇女权益保障法》第51条第一款的规定,妇女有按照国家有关规定生育子女的权利,也有不生育的自由。因此被告的流产行为是其行使法律赋予的权利,是正当、合法的,不构成对原告的精神侵害。故请求驳回原告诉请。在本案审理过程中,被告朱某提起离婚之诉,要求与原告叶某解除婚姻关系,依法分割共同财产,但叶某不同意离婚。同年11月27日,朱某又向法院申请撤回对叶某的离婚诉讼,法院于当日做出裁定,准许朱某撤回离婚之诉。法院审理后认为,男、女公民均享有相应的生育权。被告朱某享有的生育权是基于人身权中的一种生命健康权,而原告所享有的生育权是身份权中的一种配偶权。当这两种权利相冲突时,法律应当更加关注生命健康权,而非配偶权。另《妇女权益保障法》第51条明确规定了妇女有生育的权利,也有不生育的自由。因此,被告对腹中胎儿进行产化流产手术,不构成对原告生育权的侵害。本案中原、被告之间系夫妻关系,双方虽有矛盾,但夫妻只要互相尊重,互相爱护,矛盾是能够解决的,原、被告夫妻和好后仍然可以生育儿女。原告方基于配偶权所享有的生育权仍然可以待以实现。故法院判决驳回原告叶某的诉讼请求。问:妻子瞒着丈夫做流产是否侵害丈夫的生育权?

专家解析:

本案主要涉及男性生育权问题。要正确处理此案,应该明确以下几个问题:男性是否享有生育权;如果男性享有生育权,其在实现过程中与其他权利相冲突时该如何平衡。

男性是否享有生育权。2001年12月《人口与计划生育法》通过时我国媒体曾经一致惊呼,男性公民的生育权终于在法律上得到了承认,其实这种说法是错误的,在此之前,法律虽然没有凸现男性的生育权,但也一直没有否认男性的生育权。《婚姻法》第9条也规定"夫妻在家庭中地位平等"等。因此,公民的生育权是人与生俱来的权利,法律明确规定女性享有生育权的同时,依据平等原则,男性也当然享有生育权。尽管《中华人民共和国妇女权益保障法》规定妇女"有生育子女的权利,也有不生育的自由",但这并非表明法律剥夺了"男性的生育权",而是因为女性在怀孕、生产和抚养子女的过程中承担比男性更多的风险和艰难困苦,所以更多地赋予女性生育自由,体现了法律对妇女群体的人文关怀和特殊保护。虽然我国现行法律没有明确规定男性享有生育权的条款,但无论从婚姻家庭的本质和功能的伦理角度,还是从人的基本权利的法理角度,都无法否认男性也应成为生育权的主体。生育权作为一种带有自然属性的权利,是公民的基本人权,从属于公民人身权。对于男性来说,从男女平等及法律面前人人平等的角度看,男性和女性所享有的生育权是一致的,也是平等的。本案中叶某作为一个成年男性,理所当然享有既定的生育权,而且,所享有的权利与其妻子朱某是平等的。但我们也要清醒地认识到,由于生育的特殊性,如生育需要女方怀孕、哺乳等,这些是女性所独有的,男性需要女性配合,或者是通过女性才能最终实现自己的生育权利。

专家支招:

如果男女双方特别是夫妻双方在要不要生育或何时生育的问题上难以达成一致时,两种平等的权利都将会无法在同一时间得到满足,无论法律作何种取舍,都将使另一种权利的满足遭到损害。从男性生育权的实现和社会现实的角度分析,双方就此意见不一致时,理应更多地保护弱势方女性的人身权益。从法律的角度说,如果两个权利发生冲突时,我们更应该关注的是女性的人身权而非男性的生育权。任何违背女性意志的男性强权都是违反妇女人权的违法行为。比如在男方坚持要孩子而女方不愿生育的情况下,如果由男方做主,就意味着丈夫享有对妻子身体和意志的强制权,这将以女性人身自由的丧失和身心被摧残为代价。而将生育决定权赋予女方,在某种程度上可能委屈了男方,但其最坏的结果是双方离婚,男方可以重新选择其他愿意生育子女的异性再婚。毫无疑问,前者可能导致的恶果远比后者严重。女性不仅在照顾、抚育子女方面履行更多的义务,而且怀孕、生育和哺乳更无法由男人替代而由女性独自承担艰辛和风险。因此,更多地赋权于女性,既是对生育主体妇女的人文关怀和特殊保护,也是法律公正的体现。夸大或强调男人的生育决定权无疑会带来负面效应,如导致对女性自主流产的不公平指责和索赔,并在一定程度上使"婚内强奸"合法化。

总之,夫妻之间享有平等的生育权,妻子享有的生育权丈夫同样享有,但当两个平等的权利相冲突时,其行使必然有先后,无论从何种角度出发,我们都应当首先保护妇女的权益。就本案而言,原告在提出生育权诉讼时并没有提出离婚之诉,在被告朱某提出离婚之诉时,原告叶某表示不同意离婚,之后朱某申请撤回离婚诉讼,法院依职权应予支持。只要夫妻关系仍旧存续,夫妻双方和好后仍可以生儿育女,因此,本案的判决无疑是正确的。

70.集体肖像中个人肖像权如何得到保护?

案例:

原告华某为某国际集团的主席兼总裁, 原告所属集团聘用温某担任其国际策略专家, 并由其负责筹建集团公司所属的上海代表处信息部。聘用期间,温某随同原告出访美国,与包括原告等 4 人一起和美国国家贸易局局长合影留念。2009 年 10 月被告成立上海办事处,由温某担任该办事处的首席代表。被告上海办事处成立时,将该办事处首席代表温某随原告等人出访美国期间与美国贸易局局长的合影一并印在该办事处的资料对外广为散发。原告以被告擅自使用其肖像用于其商业目的为由,向法院提出诉讼。原告诉称, 由于被告的侵权行为,致被告成功地将原属原告的大量客户转移至被告处,故请求判令被告停止侵权,赔礼道歉,赔偿原告精神损失人民币 200 万元。问:集体肖像中个人肖像权如何得到保护?

专家解析:

本案中, 温某使用该集体肖像是为了突出其与美国国家贸易局局长的关系,其行为故意的指向是美国国家贸易局局长而非原告,故被告虽在客观上具有使用包括原告在内的集体肖像之行为,但主观上并无使用原告肖像之故意。对原告而言,该行为不构成侵权,也即被告之行为未侵害原告之肖像权。至于被告行为是否侵害了美国国家贸易局局长肖像权,则是另一问题。如果认定被告的行为对原告构成侵权,则所有合影者均可向被告追究侵权责任,势必害及集体肖像成员合理使用集体肖像的权利。故法院驳回原告的诉讼请求,既合于法理,又能实现当事人利益之平衡。

专家支招:

法律意义上的肖像为自然人人格的组成部分,肖像所体现的精神特征从某种程度上可以转化或派生出公民的物质利益。法律保护公民的肖像,是基于公民的精神利益、人格利益,肖像权人对自己的肖像享有专有权。我国《民法通则》第 100 条规定:"公民享有肖像权,未经本人同意,不得以营利为目的使用公民的肖像。"相关司法解释明确规定:"以营利为目的,未经公民同意利用其肖像做广告、商标、装饰橱窗等,应当认定为侵害公民肖像的行为。"未经肖像权人的同意,擅自使用他人的肖像,除法律明文规定的阻却违法事由,均构成侵害公民的肖像权。在司法实践及法学理论上,阻却违法事由包括以下几点:为社会公共利益而使用肖像的行为,如公安机关发布通缉令而使用人犯的肖像;为公民本人利益而使用肖像的行为,如公民因亲人走失对外发布寻人启事而使用肖像;为社会新闻报道而使用肖像的行为,如为弘扬社会正气或揭露社会丑恶现象而使用公民肖像;善意使用政治家及社会明星肖像的行为。

我国法律对侵害公民肖像权的行为并不以赢利目的为构成要件。

在司法实践中，对侮辱性地使用他人的肖像，不论是否有赢利的目的，均构成对他人肖像权的侵害，这是由肖像权所体现的精神特征所决定的。

在集体肖像中，虽各肖像权人在像片中均享有独立的人格权，但全体肖像权人对该集体肖像享有无法分割的精神利益和物质利益。此时，不能因为一个人的利益而使全体肖像权人的利益受损。因此，在界定集体肖像的肖像权时，既要使集体肖像中各成员的肖像权得到充分、有效的保护，又要保证集体肖像各成员对集体肖像有合理的使用权。如果使用集体肖像中任何一人的肖像即对其他合影者构成侵权，则该集体肖像势必难以进行任何利用，这对任何一个合影者都近乎苛刻，也不符合经济效益。因此，必须在合影者的肖像权和合影者对肖像的使用权之间取得平衡，方能既保证合影者对肖像的合理使用，又不至于害及其他合影者的人格权。个人肖像由于其法律意义与物理特质的同一性，并不牵涉第三人之利益，使得其法律保护比较便捷、充分。集体肖像其由于法律意义与物理物质相分离，且牵涉第三人（其他合影者）之利益，故须在第三人与权利人之间为利益之平衡。因此，就单个的肖像权人而言，个人肖像与集体肖像的法律保护程度是不一样的，集体肖像的法律保护程度要低于个人肖像。也即集体肖像中之个人的肖像权应受一定限制，此种限制以确保全体合影者对集体肖像的合理使用为已足。

行为人的过错是其承担侵权责任的必要条件。在侵害肖像权的行为中，行为人的主观心理状态均为故意，故意是侵害肖像权行为的构成要件之一。所谓故意，即行为人明知是他人肖像而欲使用的主观心理状态。此处之明知，指对他人身份的明知。判断使用集体肖像的行为是否侵害了集体肖像中特定个人的肖像权，除了行为人客观上具有使用集体肖像的行为外,还要看行为人故意的指向。如果行为人只是为了使用集体肖像中特定个人的肖像而使用集体肖像, 则不具有使用该特定个人之外的其他合影者肖像的故意, 因而对该特定个人之外的其他合影者不构成侵权。判断行为人故意的指向,可从行为人对照片的文字说明或从其使用照片的意图来进行。

71.越界枝丫致害谁来承担责任?

案例:

　　某造币厂与某小区物业公司纠纷不断, 原因是两家之间有一座两米高的大墙为界墙, 物业公司为了美化环境, 在自己一侧种植了爬山虎,爬山虎生长茂盛,越爬越高,不仅爬上了高墙,而且越过了大墙,在造币厂一侧随风摇动。造币厂是敏感单位,四周设有安全防范设施,爬山虎一随风摇动,报警器就报警,厂区的警戒人员就紧急出动,进行搜索,都是最终发现是爬山虎在作怪,因而虚惊一场。造币厂方找物业公司交涉,要求他们清除爬山虎,或者将爬山虎限制在小区一侧生长,不能越界。物业单位声称爬山虎是为了美化环境而种植,所有权归全体业主,任何人无权干预。造币厂要求将越界的爬山虎枝丫剪除,物业公司也不同意,因此产生纠纷。问:越界枝丫致害谁来承担责任?

专家解析:

　　越界枝丫是《民法》中的一个概念,就是相邻的不动产所有权人或者使用权人之间,一方种植的树木等植物的枝丫越过界限。越界枝丫涉及到两个方面,第一方面,是越界枝丫的相邻权问题,如果枝丫只是越界,并没有造成损害,对方应当容忍,一般不得主张剪除,但是如果越界枝丫遮光挡风,妨害对方权利行使,则应当剪除。第二方面,是越界枝丫造成损害的侵权问题,越界枝丫造成相邻方的侵害对方的权利并造成了财产的损害,则构成侵权责任,不仅要剪除越界枝丫,而且还必须承担损害赔偿责任。本案涉及的问题是后一个问题,是越界枝丫侵权责任问题。

越界枝丫侵权,也是一种物件致害的侵权行为。其基本特点是:造成损害的行为,是树木等植物的所有人或者管理人对树木等植物的不当管理行为。物件致害的侵权行为,都是物造成他人的损害,而不是直接的人的行为所造成的损害。但是,物造成损害是人的行为,就是物件的所有人或者管理人的不当管理行为。越界枝丫造成相邻方的损害,造成损害的是枝丫,但是枝丫是由于所有人或者管理人的不当管理行为造成了枝丫越界,因此,造成损害的还是人的行为,是一种管理不当的间接行为。

越界枝丫不仅越界,还须造成损害。对此,必须把握相邻权纠纷和侵权纠纷的界限。如果仅仅是枝丫越界,并没有对相邻方造成任何妨害,那么相邻方应当容忍;如果枝丫越界,对相邻方的权利行使构成一般的妨害,但是并没有造成损害,相邻方有权提出剪除越界枝丫,维护自己的权利;只有在越界枝丫不仅妨害了相邻方的权利行使,而且还造成了财产利益的损害,才可以构成侵权行为,要承担对损害的赔偿责任。这种损害事实一般是财产损失,例如越界枝丫挡光造成相邻方的作物歉收。如果越界枝丫折断或者过时坠落造成人身损害事实,则构成树木折断果实坠落的致人损害责任。本案造币厂是特殊行业,需要加以特别的保护,爬山虎越界,不仅妨害了其正当的工作秩序,而且经常报警并出动警力搜寻,已经造成了损害,具备这个要件。

越界枝丫的不当管理行为与相邻方的损害之间具有因果关系。这种侵权责任的因果关系的特点是,造成损害的是越界枝丫,即越界枝丫是造成损害的直接原因,但是植物的所有人或者管理人的不当管理才是造成损害的根本原因。

越界枝丫侵权责任构成需要具备所有人或者管理人的主观过错要件。这种过错一般应当是过失,是未尽适当注意而存在的疏忽或者懈怠。有时候也可能是间接故意,即知道越界枝丫可能造成损害,但是放任损害的发生。如果故意使枝丫越界造成对方的侵害,则构成违背善良风俗致人以损害的违法性,更容易判断,也构成侵权。由于物件致害责任实行过错推定原则,因此越界枝丫的所有人或者管理人的过错是推定的过错,无须受害人证明,如果所有人或者管理人认为自己对于损害的发生没有过错,则须举证证明,能够证明成立的,免除其赔偿责任,反之,则应当承担侵权责任。

专家支招:

越界枝丫造成损害的侵权责任构成,越界枝丫的所有人或者管理人应当承担侵权责任。在一般情况下,损害赔偿责任应当由越界枝丫的所有人承担;如果造成损害的原因是由于管理人管理不当所致,则应当由管理人承担责任。由于这种侵权行为所造成的损害结果是财产损害的事实,因此,其损害赔偿责任就是财产损害赔偿。所要赔偿的,包括财产的直接损失和间接损失。对此,应当承担全部赔偿责任,对直接损失和间接损失都要予以赔偿。

72.商品房的特殊环境造成的环境污染谁担责?

案例:

2009 年 6 月,穆某某等三人购买了某市鑫东海置业有限公司(下称开发商)开发的卧龙苑小区 9 号楼 1 单元 103、102、101 室。购房时,由于开发商没有告知三住户其在负一楼(即地下室)安装有高压配电设备,三住户入住后感觉室内有持续噪音。随后,三住户发现负一楼有开发商安装的供整个小区使用的高压配电设备,其中含有 3 台变压器、12 台配电箱,另外还有一套应急发电设备及配套油罐,且配电设备的输入输出电缆及排热管道均用金属支架与上面楼板固定相连,顶部距上面楼板 150 厘米左右,现场没有安装隔音、隔磁设施。为此,穆大红等三人诉至卧龙区人民法院,请求判令开发商停止侵害,并拆除安装在地下室的高压配电设备。问:商品房的特殊环境造成的环境污染谁担责?

专家解析:

本案属于民法规定的特殊侵权行为,依法应适用举证责任倒置的原则,而开发商没有提供相应证据证明其不对原告造成侵害。开发商应对其安装在住宅楼负一楼的高压配电设备与环境污染之间不存在因果关系承担倒置举证责任。最高人民法院《关于适用〈中华人民共和国民事诉讼法〉若干问题的意见》第 74 条第 3 项规定,因环境污染引起的损害赔偿诉讼,由加害人就法律规定的免责事由及其行为与损害结果之间不存在因果关系承担举证责任。

专家支招：

　　类似环境污染侵权案件中采取的举证责任倒置是指基于法律规定，将通常情形下本应由提出主张的一方当事人(一般是原告)就某种事由不负担举证责任，而由他方当事人(一般是被告)就某种事实存在或不存在承担举证责任，如果该方当事人不能就此举证证明，则推定原告的事实主张成立的一种举证责任分配制度。在一般证据规则中，"谁主张谁举证"是举证责任分配的一般原则，而举证责任的倒置则是这一原则的例外。

73.侵权时未出生子女的抚养费是否应计算在赔偿数额中？

案例：

　　2009年8月28日晚，何某驾驶川ADW540号东南牌汽车由三环路方向沿武侯大道往双流方向行驶。19时20分许，何某驾车行驶至武侯大道与双星大道交叉路口处直行，遇到李某骑自行车由何某驾车方向由左至右在人行横道线外横过路口时，何某所驾车与李某所骑自行车发生碰撞，造成李某受伤和车辆受损。李某伤情鉴定为七级伤残、是无民事行为能力人、丧失部分劳动力。经交警部门认定，何某与李某承担事故的同等责任。李某、张某(李某之母)、李某某(李某之子)于2010年8月16日向武侯区人民法院提起诉讼，请求判令：被告何某承担赔偿医疗费、护理费、被抚养人生活费等责任,永安保险金牛支公司作为本案的第三人在保险限额内承担责任。被告对发生交通事故的事实和责任认定没有异议。第三人永安保险金牛支公司认为,交通事故发生于2009年8月28日,事故后李某的妻子怀孕,于2010年7月23日生下李某,其抚养费不应计算在赔偿范围之内。问:侵权时未出生子女的抚养费是否应计算在赔偿数额中?

专家解析:

关于争议的李某某抚养费问题,按照《最高人民法院关于审理人身损害赔偿案件适用法律若干问题的解释》(以下简称《解释》)第28条规定:"被扶养人是指受害人依法应当承担扶养义务的未成年人或者丧失劳动能力又无其他生活来源的成年近亲属。"对于被扶养人并未作出"事故发生时受害人实际扶养"的界定。因此,本案中,虽然在事故发生时,李某的妻子并未怀孕,李某某不具有权利主体资格,但是,李某结婚后生育小孩是人类的自然繁衍,并且在诉讼时效内起诉时,李某某已经出生,已经成为李某的实际被扶养人,应当获得被扶养人生活费赔偿。最终,法院判决:包括李某某抚养费在内的赔偿金额合计297654.12元,永安保险金牛支公司按照交强险的规定进行赔付,余下部分再按何某承担60%、李某承担40%进行赔付。因何某投保了限额为10万元的第三者责任险以及不计免赔险,故何某应当赔付部分应当由永安保险金牛支公司按照上述保险合同的约定承担保险赔偿责任。

专家支招:

本案原告之一的李某某在侵权事故发生时还未出生,还不是民事权利主体,出生后在诉讼时效内提起赔偿诉讼,其抚养费能否得到支

持,是本案争议的关键问题,也是司法实践中遇到的新问题。遇到此类问题应从以下三个方面考虑:

第一,被扶养人生活费是人身损害致残的赔偿范围。

人身损害赔偿,是指自然人的生命、健康、身体遭受侵害,造成伤害、残疾、死亡等后果及其他损害的,要求侵权人以财产赔偿的方式进行救济和保护的法律制度。从《民法通则》及其司法解释,到《最高人民法院关于审理人身损害赔偿案件适用法律若干问题的解释》及《侵权责任法》的相关规定, 在法律制度层面清晰地勾勒出人身损害赔偿的范围:医疗费、护理费、交通费等为治疗和康复支出的合理费用。因伤致残的,还包括残疾赔偿金、残疾辅助器具费、被扶养人生活费等。侵权责任法在关于被抚养人生活费的表述上与此前的法律和司法解释不同,具体在于将被抚养人生活费包含在残疾赔偿金和死亡赔偿金中,2010 年6 月 30 日最高人民法院在《关于适用＜中华人民共和国侵权责任法＞若干问题的通知》中明确, 人民法院适用侵权责任法审理民事纠纷案件,如受害人有被抚养人的,应当依据《最高人民法院关于审理人身损害赔偿案件适用法律若干问题的解释》第 28 条的规定,将被扶养人生活费计入残疾赔偿金或死亡赔偿金。其法理基础是被侵权人因损害导致劳动能力减损或丧失,侵权人应以财产赔偿的方式承担侵权责任,使被侵权人及其扶养人的生活得到基本保障。

第二,被扶养人的范围应依法定身份关系确定。通常情况下,被扶养人的范围是容易确定的。但在本案中出现了特殊情形,即该被扶养人在侵权行为发生时没有出生,在诉讼时效内出生并诉请法院要求被告承担赔偿责任。由此引出的法律问题是:怎样确定被扶养人的范围? 以身份关系确定还是以侵权事故发生时已存在的扶养人确定? 残疾赔偿金的性质是对受害人因伤致残后劳动能力减损或丧失的财产赔偿，这种财产赔偿即包括当下已经发生的和将来必然发生的，如继续治疗费用、按年龄计算被扶养人生活费,这些费用都不是现在已经产生的费用,而是将来必然发生的费用。因此,确定扶养人的范围不能仅以当下已经存在人员为唯一标准。从被扶养人范围的法律规定分析,法律及相关司法解释规定，被扶养人是指受害人依法应当承担扶养义务的未成年人或者丧失劳动能力又无其他生活来源的成年近亲属。这说明被扶养人范围是以法定扶养义务确定的，法定义务的来源是基于当事人之间特定的身份关系。"义务必须承担,权利可以放弃"的基本原则更加明确了被扶养人确定的法定性,而不是时点性。因此,被扶养人范围的确定应依合法的身份关系来识别。

第三,法律规制被抚养人范围的确定性。以法定身份关系确定被扶养人是否会造成被扶养人长期的不确定性，从而增大侵权的成本而使侵权后果没有预见性? 按照《民法通则》第 136 条的规定,身体受到伤害要求赔偿的诉讼时效期间为 1 年。在这 1 年的时间内,受害人的扶养人可能是不确定的，如没有劳动能力又没有其他生活来源的成年近亲属死亡,这就会减少侵权人的赔偿数额;也可能新生育子女,这就会增加侵权人的赔偿数额。对侵权人来说,增加或减少的机会都是存在的,但只要在这 1 年内提起诉讼,在确定赔偿责任承担时,被扶养人的范围就确定了。因此,诉讼时效制度规制了被抚养人不可能长期处于不确定状态;同时一旦法院作出生效判决,即使再出现新的被扶养人,本着"一事不再理"的原则,法院也不会再受理。因此,法律规制被扶养人范围的确定性。

74.邻居间的噪声侵害是否适用精神损害赔偿?

案例:

苏某与任某系上下层邻居关系,苏某居住在任某家楼下,任某系房屋所有人。任某家自 2001 年 10 月 1 日开始使用巧福牌气血循环机,震动噪音较大。苏某认为任某家使用气血循环机严重影响了其身体健康及正常生活,于 2001 年 12 月,以任某在使用健身机时造成其居住的房屋剧烈震动,影响其生活为由,诉至法院,要求任某停止使用健身机。在审理期间,2002 年 9 月 25 日,苏某再次向法院提起诉讼称:"我居住在任某家楼下,任某家购买了一台"高频"震动力强的气血循环机,从2001 年 10 月 1 日开始任某家在楼上做健身,噪音特别大,我的自身感觉开始是恶心、心慌、想吐,后来发展到他家使用时我就浑身发抖,尤其手抖得特别厉害。使我这个从未看过心脏病也没吃过治心脏病药的人发生了"房颤"。无疑给我身体和精神造成了极大的伤害,现我要求被告赔偿治疗费 763 元、房屋修理费 200 元、精神损失费 19037 元,共计20000 元。"问:邻居间的噪声侵害是否适用精神损害赔偿?

专家解析:

本案涉及的法律问题是,任某所使用的气血循环机使居于楼下的苏某产生烦躁,是否造成精神损害后果,也就是是否构成了对苏某的精神损害赔偿,邻里之间应正确妥善处理各自间的利益冲突,相互之间应多从他人角度出发考虑问题,避免矛盾,才可使邻里之间和睦相处。而被告在使用气血循环机时,并未考虑其所使用的气血循环机确会使居于楼下的苏某产生烦躁,长期使用会给他人带来不便,致使双方间产生矛盾,对此,被告应承担责任。《中华人民共和国环境噪声污染防治法》第46条规定:"使用家用电器、乐器或者进行其他家庭室内娱乐活动时,应当控制音量或者采取其他有效措施,避免对周围居民造成环境噪声污染。"第61条:"受到环境噪声污染危害的单位和个人,有权要求加害人排除危害;造成损失的,依法赔偿损失"。从该法规定上看,法律赋予了居民居住环境的安宁权,按照最高人民法院《关于确定民事侵权精神损害赔偿责任若干问题的解释》第1条的规定:"违反社会公共利益、社会公德侵害他人隐私或者其他人格利益,受害人以侵权为由向人民法院起诉请求赔偿精神损害的,人民法院应当依法予以受理。"这里的"其他人格利益"就可以涵括居民对生活的精神安宁权,因此苏某有权起诉任某,并要求停止侵害,但是否能得到精神损害的赔偿,是否存在严重后果是本案的关键,即诉争的焦点问题。本案从表面上看被告没有给原告造成直接的损害后果,但精神损害的赔偿其实质是对人格利益和身份利益遭受侵害的赔偿。本案的原告患有心脏病,被告亦不否认,而她相对于健康的正常人,她对外界噪音的反映要远远敏感于常人。精神损害是对人生理和心里的损害,这里也有一个判断标准,即人受到侵害的忍受程度,本案的原告由于忍受程度低于常人,并且由于心脏病的特征,即在受到外界不良原因的干扰下可能加重病情,因此二审法院据此判定被告给付一定的精神赔偿是合理的。

专家支招：

精神损害一般表现为无形损害，精神损害包括精神痛苦与精神利益的丧失，精神痛苦主要指自然人因人格权受到侵害而遭到生理和心理上的痛苦，精神损害虽然是无形的，但损害却是客观存在的。有损害即应有救济，而金钱损害赔偿是民法的基本救济方式之一，可在一定程度上抚慰被侵害人。另外从《关于确定民事侵权精神损害赔偿责任若干问题的解释》第5条规定上看，法院不予支持法人或其他组织人格权遭侵害的精神损害赔偿。表明精神损害本质上是一种非财产损害，而非财产损害实际上即为生理上或心理上痛苦者。所以《关于确定民事侵权精神损害赔偿责任若干问题的解释》第8条规定的"后果严重"如何认定是个非常困难的问题。实践当中只能由人民法院依据各种具体情况自由裁量。